Passwort Deutsch
– der Schlüssel zur deutschen Sprache

Lehrerhandbuch

1

Ernst Klett Sprachen

Stuttgart

Impressum

Autorinnen:	Nicole Zeisig; Anneliese Ghahraman-Beck (Tests und Diktate)
Zeichnungen:	Dorothee Wolters
Projektleitung:	Jürgen Keicher
Redaktion:	Heike Ewers, Iris Korte-Klimach
Layout/Satz:	Silke Wewoda

1. Auflage A1 ⁶ ⁵ ⁴ ³ ² | 2008 2007 2006 2005 2004 2003

Alle Drucke dieser Auflage können nebeneinander benutzt werden, sie sind untereinander unverändert.

Druck:	Gutmann + Co. GmbH, 74388 Talheim Printed in Germany
Internetadressen:	www.passwort-deutsch.de www.edition-deutsch.de
E-Mail:	info@passwort-deutsch.de edition-deutsch@klett-mail.de

ISBN 3-12-675802-9

ISBN 3-12-**675802**-9

9 783126 758024

Arbeiten mit Passwort Deutsch

Abkürzungen:

KL:	Kursleiter/in	EA:	Einzelarbeit	HA:	Hausaufgabe
KT:	Kursteilnehmer/innen	PA:	Partnerarbeit	OHP:	Overheadprojektor
		GA:	Gruppenarbeit		

Beschreibung der Aufgabe 1
auf Seite 8 im Kursbuch

Verweis auf die Seiten bzw. Übungen
im Übungsbuch, die zu den Kursbuch-
aufgaben passen

S. 8 1

Lernziel	Angaben, was in der Aufgabe wie erarbeitet wird: Wortschatz, Grammatik, Redemittel bzw. Fertigkeiten
Ablauf	Vorschläge, wie Sie diese Aufgabe im Unterricht durchführen können: Erläuterung der Einzelschritte, Angabe der Sozialform
Tipp	Vorschläge, wie Sie die Aufgabe verändern können bzw. was Sie zusätzlich machen können: Ideen für Alternativen, Erweiterung, Transfer und Spiele

Übungsbuch: S. 82–85, Übung 1–12

Inhaltsverzeichnis

Was ist Passwort Deutsch?

Passwort Deutsch ist ein Lehrwerk im Medienverbund – mit kombiniertem Kurs- und Übungsbuch, Hörmaterialien, Lehrerhandbuch, Wörterheft und Online-Komponente.

Passwort Deutsch ist ein Lehrwerk für Jugendliche und Erwachsene in allen Institutionen im In- und Ausland und macht für jede Lehr- und Lernerfahrung das passende Angebot.

Komponenten des Lehrwerks

Passwort Deutsch hält als Lehrwerk im Medienverbund eine Fülle von Differenzierungsmöglichkeiten bereit, aus denen Sie das für Ihre Lernergruppe maßgeschneiderte Programm zusammenstellen:

- **Das Kursbuch:** Es enthält alles, was Sie brauchen, um den Lernstoff im Kurs zu vermitteln. Dank des transparenten und kleinschrittigen Aufbaus können Ihre Lernenden, wenn sie einmal eine Stunde versäumt haben, die Seiten auch allein nacharbeiten bzw. sicher zu Hause wiederholen. Mehr Spaß macht natürlich die Arbeit in der Gruppe, mit Ihrer Unterstützung.
- **Das Übungsbuch:** Zu 12 Kursbuchseiten finden Sie 16 Seiten Übungen in unterschiedlichen Schwierigkeitsgraden – zur Ergänzung Ihres Unterrichts, zur Wiederholung und Vertiefung des Lernstoffes, für Hausaufgaben. Alle Übungen sind eindeutig lösbar und mit dem Lösungsschlüssel überprüfbar, sodass sie von Ihren Lernenden allein bewältigt werden können. Im Übungsbuch wird kein neues Sprachmaterial eingeführt.
- **Die Hörmaterialien** (auf Kassette oder CD) sind für die Hand der Lehrenden gedacht. Sie enthalten die Hörtexte zum Kursbuch sowie die Hör-, Sprech- und Aussprachübungen.
- **Das Lehrerhandbuch:** Es macht zu jeder Kursbuchaufgabe einen Vorschlag für deren Durchführung. Darüber hinaus werden Ihnen Tipps für alternative Vorgehensweisen, zusätzliche Aufgaben und Spiele sowie die jeweils passenden Übungen im Übungsbuch genannt. Im Anhang schließlich gibt es zu jeder Lektion Kopiervorlagen für KT-Aktivitäten und Tests zur Lernerfolgskontrolle.
- **Das Wörterheft:** Es enthält – nach Lektionen geordnet – das Vokabular der Lektionen mit passenden Kontexten und einer Leerzeile zum Eintragen der muttersprachlichen Entsprechung. Die Einsprachigkeit des Wörterhefts ermöglicht seinen Einsatz auch in multilingualen Lernergruppen.
- **Die Online-Komponente:** Auf www.passwort-deutsch.de finden Lehrende und Lernende ein innovatives, mediengerecht didaktisiertes Zusatzangebot zum Kurs- und Übungsbuch, aktuelle, weiterführende Informationen sowie vielfältige Anregungen für interaktive Projektarbeit und kursübergreifende Kommunikation. Medienkompetenz kann so von Anfang an erworben werden. Für Sie als Lehrende bietet die Online-Komponente außerdem ein Forum, in dem Sie Ihre Erfahrungen mit dem Lehrwerk austauschen oder Kontakte zu anderen Kursleiterinnen und Kursleitern bzw. Deutschkursen knüpfen können.

Methode

Passwort Deutsch integriert kommunikative, interkulturelle und handlungsorientierte Sprachvermittlungsmethoden. Die gleichmäßige, kleinschrittige und zyklisch aufgebaute Progression passt sich dem individuellen Lernrhythmus jeder Lernergruppe an. Die Inhalte sind nicht an Themen orientiert, sondern werden vor allem im Hinblick auf den realen Sprachverwendungszusammenhang ausgewählt: Welches Sprachmaterial kommt in welcher authentischen Situation mit welchen grammatischen Strukturen vor?

Kurrikulum

Passwort Deutsch erscheint in fünf Bänden: Die Bände 1 bis 4 vermitteln den gesamten sprachlichen Stoff der Grundstufe; Band 5 bereitet auf die international anerkannte Prüfung *Zertifikat Deutsch* vor und schlägt die Brücke zur Mittelstufe. Jeder Band enthält Materialien für mindestens 60 bis 80 Unterrichtseinheiten – je nach Kursintensität und Lerntempo.

Lektionsaufbau

Alle Lektionen sind regelmäßig und übersichtlich gegliedert. Sie bestehen aus jeweils 12 Seiten und sind doppelseitig aufgebaut. In der Regel sieht man alles, was zu einem Lernabschnitt gehört, auf einen Blick, sodass die Lernenden nicht zurückblättern müssen, während sie eine Aufgabe lösen:
- 1 Doppelseite Einstieg, optisch gestützte Einführung in Schauplatz und Situation der Lektion;
- 4 Doppelseiten Mittelteil, mit Fotos, Illustrationen, Dialogen, Hör- und Lesetexten und sinnvoll daraus abgeleiteten Aufgabensequenzen;
- Abschluss der Lektion mit der „Grammatikseite" auf der letzten Doppelseite.

Fertigkeiten

Selbstverständlich trainiert **Passwort Deutsch** in umfassender Weise die vier Fertigkeiten Hören, Sprechen, Lesen, Schreiben, und zwar auf besonders lernerfreundliche Weise: Komplexe Sprachhandlungen werden zunächst in kleine Lernschritte zu einzelnen Fertigkeiten unterteilt; durch die schrittweise Schulung einzelner Fertigkeiten und deren Kombination zu sinnvollen Aufgaben- und Übungssequenzen können sich alle Lernertypen solche Sprachhandlungen sicher und korrekt aneignen. So werden die Lernenden nicht durch die unvermittelte Konfrontation mit einer kommunikativen Aufgabe überfordert, sondern werden langsam auf derartige Aufgaben (mit Blickrichtung auf die Szenarien des *Zertifikat Deutsch*) vorbereitet.

Ebenso sorgfältig werden die Lernenden mit den Aufgabentypen für das *Zertifikat Deutsch* (siehe unter *Literaturhinweise*) vertraut gemacht, mit denen die Fertigkeiten geprüft werden:
- detailliertes Lesen bzw. Hören: jede Information des Hör- oder Lesetextes ist wichtig;
- selektives Lesen bzw. Hören: nur bestimmte Informationen müssen aufgenommen werden;
- globales Lesen bzw. Hören: z. B. die Hauptaussage bzw. die Situation des Textes muss herausgefunden werden;
- mündlicher Ausdruck/mündliche Interaktion;
- schriftlicher Ausdruck.

Authentische Materialien

Wirklich authentische Hör- und Lesetexte enthalten für Lernende eine Fülle von unbekannten Vokabeln und Strukturen. Wer nicht über gut ausgebildete Lesestrategien verfügt, wer nicht selbstverständlich über Unbekanntes hinwegliest und sich auf Verständliches konzentriert, ist mit authentischen Hör- und Lesetexten von der ersten Unterrichtsstunde an leicht überfordert.

Deshalb enthält **Passwort Deutsch** im ersten Band neben authentischen Materialien auch Materialien, deren Authentizität nachempfunden ist. Diese Texte sind jedoch nicht auf die Vermittlung von Lexik und Grammatik reduziert, sondern enthalten z. B. auch Sprachelemente wie Partikeln, die im ersten Band noch nicht systematisch behandelt werden. Wichtig sind für Lernende auf dieser Stufe v. a. reale Textsorten und reale Sprachverwendungszusammenhänge, aber weitgehend befreit vom Ballast nicht erschließbarer Elemente.

Wortschatz

Das Wortschatzangebot in **Passwort Deutsch** konzentriert sich stark auf das Vokabular, das für das *Zertifikat Deutsch* relevant ist. Damit werden die quantitativen Anforderungen an die Lernenden deutlich reduziert, das wirklich wichtige Vokabular wird konzentrierter gelernt und im Kurs- und Übungsbuch häufiger umgewälzt. Lerntipps werden im Kurs- und Übungsbuch über konkrete Übungsformen angeboten, weitere Hinweise für Ihre Lernenden zur Erarbeitung und Erweiterung von Vokabular finden Sie an den geeigneten Stellen im Lehrerhandbuch (Aufbau von Wortfeldern, Wortschatzkartei usw.).

Grammatik

In **Passwort Deutsch** werden unterschiedliche Methoden der Grammatikvermittlung sinnvoll miteinander verknüpft; die Grammatik wird hier in dreifacher Form behandelt:

- Neue grammatische Formen und Strukturen werden immer zunächst in einem kommunikativen Kontext angeboten, über den die Lernenden deren Bedeutung verstehen. Erst dann gehen die Lernenden – in den Aufgaben „Schreiben und verstehen" – durch die *induktive* Aufgabenstellung dazu über, die grammatischen Formen und Regeln selbst zu entdecken.
- Am Ende jeder Kursbuchlektion gibt es eine Seite mit der Grammatik der Lektion im Überblick. Die Lernenden haben hier die Sicherheit, die richtigen Formen nachlesen zu können; Sie als Lehrende können diese Seite zur *(deduktiven)* Erläuterung der Lektionsgrammatik im Kurs verwenden. Zu jedem Grammatikaspekt wird auf die passende Seite der systematischen Grammatik im Anhang verwiesen.
- In der *systematischen* Grammatik sind alle im Kursbuch behandelten grammatischen Phänomene in Kapiteln zusammengestellt. Dort findet sich eine umfassende Darstellung der im Kursbuch behandelten Aspekte auf dem Sprachniveau des ersten Bandes. Bei jedem Grammatikkapitel ist vermerkt, in welchen Kursbuchlektionen es behandelt wird.

Aussprache

Gezielte phonetische Hinweise und Korrekturen sind besonders in den ersten sechs Monaten des Deutschlernens sehr wichtig, denn die in dieser Zeit erworbenen phonetischen Gewohnheiten fossilieren und lassen sich später nur sehr schwer oder gar nicht verändern. Deshalb konzentriert sich **Passwort Deutsch** darauf, von Anfang an die für alle Lernenden relevanten Aspekte von Aussprache und Intonation des Deutschen zu schulen. Nicht die Vollständigkeit des phonetischen Inventars im theoretischen Sinne ist für die Lernenden entscheidend, sondern die Beherrschung der für Verstehen und Verständigung wesentlichen Aspekte der Aussprache des Deutschen. Alle Ausspracheübungen sind in den normalen Lektionsablauf integriert; d. h., an der Stelle, wo ein Aussprachephänomen auftaucht, wird es auch mit dem dort vorhandenen Sprachmaterial geübt.

Im Deutschkurs

In den Lektionen 1 bis 4 steht die jeweils letzte Seite vor der Grammatikübersicht unter dem Titel „Im Deutschkurs". Diese Rubrik ist integraler Bestandteil der Lektion, d. h., die vermittelten Vokabeln, Redemittel und Strukturen werden in den folgenden Lektionen als bekannt vorausgesetzt. Unabhängig von den jeweiligen Lektionsthemen bietet diese Seite Inhalte an, die den Unterricht in der Zielsprache Deutsch ermöglichen und erleichtern sollen: Die Lernenden erwerben durch diese Aufgaben kommunikative Mittel, mit denen sie im Kurs auf Deutsch über das Lernen sprechen können.

Unterrichten mit Passwort Deutsch

Passwort Deutsch setzt bei Ihren Lernenden keine bestimmte Lernbiografie voraus. Die Lernenden werden nicht von der ersten Stunde an mit allen Anforderungen des kommunikativen Fremdsprachenunterrichts konfrontiert, sondern entwickeln progressiv und kontinuierlich ihre Kompetenz im Sinne der aktuellen Didaktik und Methodik.

Passwort Deutsch versteht sich als umfassendes, flexibles Angebot und lässt im Hinblick auf die individuelle Unterrichtsgestaltung viel Spielraum.

Unterrichtsverlauf

Für jede Aufgabe schlägt Ihnen das Lehrerhandbuch eine mögliche Durchführung vor. Wenn Sie also noch nicht so routiniert im Unterrichten sind oder wenig Zeit haben sich vorzubereiten, können Sie auf dieses Angebot zurückgreifen.

Jede einzelne Aufgabe ist nach dem folgenden Muster dargestellt:
- Benennung der Lernziele;
- detaillierte Beschreibung des Unterrichtsablaufs zu jeder einzelnen Aufgabe mit Angabe der passenden Sozialform;
- Vorschläge für Tafelbilder;
- in der Rubrik „Tipp": Alternativen, Ideen für Vorentlastung, Erweiterung und Binnendifferenzierung, Transfer, Hinweise zu Lerntechniken, Spielvorschläge;
- Verweise auf im Anhang beschriebene Spiele;
- Verweise auf die jeweils passenden Übungen im Übungsbuch;
- Hinweise auf die systematische Grammatik im Anhang des Kursbuchs.

Sozial- und Arbeitsformen

Im Kurs- und Übungsbuch ist die Sozialform (Einzel-, Partner-, Gruppenarbeit, Plenum) nicht gekennzeichnet. Die meisten Aufgaben und Übungen lassen sich in verschiedenen Sozial- und Arbeitsformen durchführen, und als erfahrener Kursleiter möchten Sie sicher gern selbst entscheiden, in welcher Form Ihre Lernenden die Aufgabe lösen sollen. Wenn Sie sich jedoch einen schnellen Überblick verschaffen wollen, schlagen Sie einfach im Lehrerhandbuch nach: Es macht Ihnen für jede Aufgabe und für die einzelnen Arbeitsschritte einen Vorschlag zur Sozialform.

Bildung von Arbeitsgruppen

Um die Gruppendynamik zu fördern, sollte im Kurs die Zusammensetzung der Arbeitsgruppen variieren. Es ist wichtig, bei der Bildung von Arbeitsgruppen persönliche oder kulturelle Aspekte zu berücksichtigen und die Zusammenarbeit nicht in jedem Fall zu erzwingen. Mit den nachfolgenden Vorschlägen können Sie bei Ihren Lernenden Hemmschwellen bei der Partnerarbeit abbauen:
- KT ziehen Zettel mit Zahlen, Buchstaben oder Symbolen. Wer gleiche Zahlen, Buchstaben oder Symbole hat, gehört in eine Gruppe.
- Auf den Zetteln stehen jeweils Teile zusammengesetzter Wörter, Silben eines Wortes, Satzteile oder Dialogfragmente. KT suchen sich diejenigen Partner, die die jeweils zu ihnen passenden Teile haben.
- Bilder werden in zwei Teile geschnitten und ausgegeben; die Personen mit den passenden Bildhälften setzen sich zur Partnerarbeit zusammen.
- KT werden nach der Farbe ihrer Kleidung in Gruppen eingeteilt.

Höraufgaben

Erfahrungsgemäß finden viele Lernende Höraufgaben von der Kassette oder CD schwierig. Ihre Lernenden verlieren die Angst davor, wenn Sie ihnen den Kontext der Aufgabe vermitteln und bei der Erläuterung der Aufgabenstellung klar machen, was sie konkret bei der jeweiligen Aufgabe zu tun haben.

Grundsätzlich sollten Hörtexte immer mehrmals vorgespielt werden. Ein erstes Mal vollständig, um den ganzen Hörtext kennen zu lernen; dann in Abschnitten. Danach werden die Aufgaben gelöst. Der Text muss dann mindestens ein weiteres Mal zur Kontrolle der Antworten gehört werden. Im Allgemeinen gibt es aber keine Faustregel, was die Häufigkeit des Hörens angeht. Sie können selbst am besten einschätzen, welche Schwierigkeiten Ihre Lernenden beim Hörverstehen haben.

Aussprache üben

Zum Üben der Aussprache von Wörtern bzw. der Intonation von Sätzen bietet **Passwort Deutsch** eine Reihe von Lese-, Hör- und Sprechaufgaben. Darüber hinaus sollte die Aussprache immer wieder auf verschiedene Weise geübt werden. Das Lehrerhandbuch liefert Ihnen dafür geeignete Zusatzübungen und Spiele.

Für Lernende, die sich beim Sprechen gehemmt zeigen, bietet es sich an, schwierige Wörter oder Sätze auch einmal im Chor zu sprechen, um die phonetische Besonderheit im Schutze des Plenums zu üben. Danach kann erneut eine individuelle Lernerfolgskontrolle sinnvoll sein.

Hinweise zur Fehlerkorrektur

Was die Motivation der KT und ihre Lernfortschritte entscheidend beeinflusst, ist das Korrekturverhalten des Kursleiters bzw. der Kursleiterin. Daher ist sehr wichtig, bei der Fehlerkorrektur in Kursaufgaben, Hausaufgaben oder Tests behutsam vorzugehen. Manche Lernenden möchten gern korrigiert werden, andere hingegen empfinden Korrekturen als höchst unangenehm.

Als Lehrende können Sie Schwerpunkte beim Korrigieren setzen, um die Lernziele bei der entsprechenden Aufgabenstellung zu berücksichtigen.

Bei Übungen in Partner- oder Gruppenarbeit, die die Kommunikationsfähigkeit trainieren, ist es sinnvoll, die Gesprächssituation nicht zu unterbrechen, sondern die wichtigsten Fehler zu sammeln und später im Plenum zu besprechen. Außerdem können Sie bei Ihren Lernenden die Fähigkeit zur Selbstkorrektur fördern, indem Sie ihnen die Möglichkeit geben, sich gegenseitig zu korrigieren. So erfahren die Kursteilnehmer und Kursteilnehmerinnen, dass sie voneinander lernen können. Die Fehlerkorrektur löst dann keine Frustration aus, sondern kann sogar motivierend wirken.

Für das Korrigieren von Fehlern bieten sich folgende Verfahren an:

- KL schreibt die Antworten auf Zuruf aus dem Kurs an die Tafel oder auf OHP-Folie.
- KL schreibt, während KT die Aufgabe lösen, die Antworten auf die Rückseite der Tafel. Wenn alle die Aufgabe beendet haben, wird die Tafel umgeklappt.
- KT, die schon mit der Aufgabe fertig sind, schreiben ihre Lösungen an die Tafel oder auf OHP-Folie.
- KT vergleichen ihre Lösungen untereinander und diskutieren abweichende Antworten, anschließend kontrollieren sie ihre Ergebnisse mit einem Lösungsblatt oder im Plenum.
- KL bereitet Lösungsblätter für den OHP vor oder KT schreiben Lösungen auf OHP-Folien und vergleichen selbst bzw. im Plenum.
- Ein vorbereitetes Lösungsblatt wandert zu den einzelnen Arbeitsgruppen, die die Aufgabe bereits gelöst haben.

Wörterbuchgebrauch

Um KT in den Umgang mit dem Wörterbuch einzuführen, können Sie die Arbeit mit dem Wörterbuch im Plenum diskutieren. Dabei sollte das Pro und Kontra zum Gebrauch des Wörterbuchs angesprochen werden. Einige Beispiele für negative Auswirkungen des Wörterbuchgebrauchs sind:

- Die Erschließung der Bedeutung aus dem Kontext (Lese- bzw. Hörstrategie) wird nicht geübt.
- Die Bedeutung der nachgeschlagenen Wörter wird leichter vergessen als die von aktiv erarbeiteten Wörtern.
- KT konzentrieren sich nicht auf das Aktivieren und Anwenden bekannter Wörter, sodass die Sprachkompetenz in geringerem Maße ausgebildet wird.

Sie können die Einführung von einsprachigen Wörterbüchern für die Arbeit im Unterricht auf verschiedene Weise didaktisch aufbereiten. Dazu gehören. z. B. a) Alphabetisierungsübungen und b) Nachschlageübungen:

a) Alphabetische Anordnung der Einträge im Wörterbuch: KT suchen Wörter wie *öffnen, offiziell, offen* oder auch *Österreich, Ostern, östlich* und schreiben sie in der Reihenfolge auf, in der sie im Wörterbuch stehen. KT vergleichen die Wörter und formulieren die Regel für die Anordnung im Wörterbuch.

b) Korrektur falsch geschriebener Wörter: KL verteilt eine Liste mit falsch geschriebenen Wörtern, die KT mit Hilfe des Wörterbuchs korrigieren sollen. Diese Übung lässt sich variieren, indem KT Artikel oder Pluralformen mit Hilfe des Wörterbuchs finden müssen.

Zuordnung von Nomen und Verben (für starke Lernergruppen): KL verteilt Kärtchen mit Nomen (z. B. *Arbeit, Kaffee* usw.). KT schlagen diese Nomen nach und finden die passenden Verben. Dann bilden sie Sätze mit den Verben und präsentieren sie im Plenum.

Übungen zum Verstehen der Abkürzungen und Symbole sowie Übungen zu den Metazeichen der Aussprache bieten sich erst bei fortgeschrittenen Lernenden an.

Literaturhinweise

- *Zertifikat Deutsch*. Lernziele und Testformat, herausgegeben von Weiterbildungs-Testsysteme GmbH, Goethe-Institut, Österreichisches Sprachdiplom Deutsch, Schweizerische Konferenz der kantonalen Erziehungsdirektoren, Frankfurt am Main [1]1999.
- *Fernstudienangebot Germanistik und Deutsch als Fremdsprache: Fernstudienprojekt des DIFF, der GhK und des GI zur Fort- und Weiterbildung im Bereich Germanistik und Deutsch als Fremdsprache.* Teilbereich Deutsch als Fremdsprache, herausgegeben von Gerhard Neuner. München 1991 ff.
- *Fremdsprache Deutsch.* Zeitschrift für die Praxis des Deutschunterrichts, herausgegeben vom Vorstand des Goethe-Instituts, Hans-Jürgen Krumm, Gerhard Neuner und Hans-Eberhard Piepho, München o. J.

Guten Tag

S. 8 **1**

Lernziel	Globales Hörverstehen

Ablauf	KL spielt die Dialoge 1–6 zunächst ganz vor, dann noch einmal mit Pausen zwischen den einzelnen Dialogen. Anschließend markieren KT in EA/PA, in welchen Dialogen sie Deutsch hören. KL spielt die Hörtexte wiederum vor, damit KT ihre Lösungen überprüfen können.	EA/PA

S. 8 **2**

Lernziel	Wortschatz: Grußformeln

Ablauf	KT betrachten die Gesprächssituationen auf dem Foto. KL liest die Grußformeln auf den Kärtchen laut vor und erklärt, wo möglich mit Hilfe des Fotos, die Bedeutung der einzelnen Grußformeln und macht dabei den Bezug zu den Tageszeiten deutlich.	Plenum
Tipp	KL kann den Bezug zwischen den Grußformeln und den Tageszeiten durch Symbole wie Sonne, Mond usw. visualisieren.	
	Erweiterung: KL begrüßt einen KT mit der entsprechenden Grußformel und gibt ihm die Hand. Dieser KT begrüßt seinen Nachbarn mit Handschlag usw.	Plenum

S. 9 **3**

Lernziel	Wortschatz: Grußformeln, Namen, Wohnort und Herkunft erfragen und darauf antworten, *du* vs. *Sie*

Ablauf	a) KL spielt die Dialoge vor. KT hören bei geschlossenen Büchern zu. Dann spielt KL die Dialoge noch einmal vor und KT lesen im Buch mit.	Plenum
	b) KT befragen sich nacheinander in einer Kettenübung mit den Redemitteln aus Aufgabe 3. Dabei gebrauchen sie zunächst die *Sie*-Form (*Wie heißen Sie? – Ich heiße ...; Woher kommen Sie? – Ich komme aus ...* usw.) und anschließend die *du*-Form (*Wie heißt du? – Ich heiße ...; Woher kommst du? Ich komme aus ...* usw.)	Plenum
Tipp	An dieser Stelle ist es notwendig, dass KL den Unterschied zwischen *Sie* für die formelle Anrede und *du* für die informelle Anrede erklärt. Die beiden Anredeformen kann KL mit Hilfe der Bilder 1 und 2 auf S. 82 im Übungsbuch illustrieren.	Plenum
	Erweiterung: KL stellt die Gesprächssituationen auf dem Foto (S. 8/9) im Klassenraum nach. KT und KL stehen auf, begrüßen sich und machen sich miteinander mit Hilfe der Redemittel bekannt.	Plenum

Zum Üben der ersten Kontaktaufnahme gibt es verschiedene Möglichkeiten:

- KT setzen sich in einen Kreis. Einer beginnt und wirft einen Ball zu einem anderen KT, den er dann nach Namen, Herkunft und Wohnort fragt. Dieser antwortet, wirft den Ball weiter und befragt den nächsten KT. — Plenum
- Szenario Cocktailparty: Alle stehen auf, begrüßen sich gegenseitig und stellen sich einander vor bzw. befragen sich gegenseitig. — Plenum
- KL schreibt verschiedene Fragen und Antworten auf Zettel und verteilt pro KT einen Zettel. KT befragen sich gegenseitig so lange, bis sie einen KT mit einer passenden Antwort gefunden haben. — Plenum
- Kettenübung: Ein KT stellt sich seinem Nachbarn vor und fragt ihn nach dessen Namen, Herkunft und Wohnort. Der befragte KT antwortet und richtet seine Fragen an den nächsten KT. Die Übung wird fortgesetzt, bis alle KT an der Reihe waren. — Plenum
- Rollenspiel: Alle KT erhalten eine Karte mit Angaben zu einer fiktiven Person. Jeder KT wird von einem anderen KT befragt und antwortet mit den Angaben der Person, deren Rolle er angenommen hat. — Plenum

Um allen KT die Gelegenheit zu geben, die verschiedenen Fragen und Antworten mehrmals zu formulieren, ist es wichtig, diese Dialoge auf unterschiedliche Weise zu üben.

S. 9 4

Lernziel   Detailliertes Hörverstehen; Wortschatz: Grußformeln, Namen, Wohnort und Herkunft erfragen und darauf antworten

Ablauf   KL spielt die Dialoge zunächst einmal ganz vor, danach noch einmal mit Pausen zwischen den Dialogen. KT ordnen in EA/PA die Sätze in chronologischer Reihenfolge. Anschließend hören KT die Dialoge noch einmal zur Kontrolle. Nach der Besprechung im Plenum lesen KT die Dialoge mit verteilten Rollen. — EA/PA · Plenum

Tipp   **Erweiterung:** KL schreibt die Sätze der Aufgabe ungeordnet an die Tafel oder kopiert und zerschneidet sie. Bei geschlossenen Büchern ordnen KT in PA die Sätze zu Dialogen und tragen diese anschließend im Plenum vor. Bei dieser Übung sind mehrere Lösungen möglich. — PA · Plenum

Übungsbuch: S. 82–85, Übung 1–12

Die Welt

S. 10 1

Lernziel   Detailliertes Leseverstehen; Wortschatz: Länder und Kontinente

Ablauf   KT sehen sich zunächst die Weltkarte an und KL liest den Text laut vor. Danach lesen KT den Text in EA. KL klärt, wo möglich mit Hilfe der Weltkarte, neuen Wortschatz. Die farbige Kennzeichnung zeigt KT, wo Deutschland, Österreich und die Schweiz liegen. Anschließend lesen einige KT einzelne Sätze laut vor. — Plenum · EA · Plenum

Tipp   Zur Veranschaulichung kann zusätzlich eine Weltkarte in Form eines Posters oder einer OHP-Folie dienen.

S. 10	**2**	
Lernziel	Selektives Leseverstehen; Wortschatz: Länder und Kontinente	
Ablauf	KT suchen in EA/PA die fünf Kontinente im Text der Aufgabe 1 und notieren sie. Die Besprechung im Plenum wird durch die Weltkarte im Buch unterstützt, in die KT die Namen der Kontinente eintragen können.	EA/PA Plenum

S. 10	**3**	
Lernziel	Wortschatz: Länder; Aussprache: Alphabet	
Ablauf	**a)** KL spielt die Ländernamen einmal ganz vor und KT lesen leise mit. Anschließend werden die Ländernamen noch einmal einzeln vorgespielt und KT sprechen diese in den Sprechpausen laut nach.	Plenum
	b) Mit Hilfe der alphabetischen Länderliste wird das Alphabet eingeführt. KL spielt das Alphabet einmal ganz vor und KT lesen mit. KT hören das Alphabet noch einmal und sprechen die einzelnen Buchstaben in den Sprechpausen laut nach. Anschließend kann KL das Alphabet noch einmal vorspielen und dabei nach Buchstabengruppen Pausen einlegen, in denen KT laut nachsprechen. KL macht besonders auf den Buchstaben ß (wird in Deutschland und Österreich, jedoch nicht in der Schweiz – dort stattdessen ss – verwendet) aufmerksam, der wie der Buchstabe s ausgesprochen und als scharfes S oder Eszett bezeichnet wird.	Plenum
Tipp	KT sammeln mit Hilfe einer Weltkarte weitere Ländernamen aus den verschiedenen Kontinenten, falls die Herkunftsländer der KT noch nicht genannt wurden. KL weist darauf hin, dass einige Ländernamen mit Artikeln gebraucht werden (z. B. *die Türkei, die USA* usw.). Anhand der gesammelten Länder erstellen KT mit Hilfe des KL eine alphabetisch geordnete Länderliste an der Tafel. Anschließend befragen sich KT in einer Kettenübung: *Wo wohnen Sie/wohnst du? – Ich wohne in …; Woher kommen Sie/kommst du? – Ich komme aus …; Wo liegt das?*	Plenum

S. 10	**4**	
Lernziel	Aussprache: Alphabet	
Ablauf	KT buchstabieren in PA das Alphabet. Ein KT beginnt mit der ersten Buchstabengruppe: *a, b, c.* Sein Partner setzt das Alphabet mit der nächsten Buchstabengruppe fort, danach ist wieder der erste KT an der Reihe, bis das Ende des Alphabets erreicht ist. Diese Aufgabe kann alternativ auch in Kleingruppen gemacht werden.	PA GA
Tipp	Da es sehr wichtig ist, KT so oft wie möglich die Gelegenheit zu geben, das Alphabet zu üben, bieten sich folgende Spiele an:	
	• *Buchstabendiktat:* KT buchstabieren sich gegenseitig Wörter, die der Partner aufschreibt.	PA
	• *Galgenmännchen:* siehe unter Spiele	Plenum
	• Kleiner Partnerdialog mit Ländernamen oder anderen, bereits bekannten Wörtern nach folgendem Muster: Ein KT: *Ich komme aus …* (= unverständliches Gemurmel) – Sein Partner: *Wie bitte? Woher kommst du?* – Erster KT buchstabiert: *Aus F-R-A-N-K-R-E-I-C-H.*	PA
	• *Buchstabenbingo:* siehe unter Spiele	Plenum

Zur Bildung der Umlaute, die den meisten Lernenden besondere Schwierigkeiten machen, lassen sich folgende Hilfestellungen geben:
- *ä*: KT sprechen ein *e* und machen dann den Mund weit auf = *ä*.
- *ö*: KT sprechen ein *e* und formen dann den Mund langsam zu einem Kussmund = *ö*.
- *ü*: KT sprechen ein *i* und formen dann den Mund langsam zu einem Kussmund = *ü*.

S. 10 ## 5

Lernziel	Grammatik: W-Frage mit *wo*; Präposition *in* + Ländername	
Ablauf	KL stellt einem KT die erste Frage: *Wo liegt Argentinien?* KT antwortet: *In Amerika.* Anschließend befragen sich KT gegenseitig mit Hilfe der Weltkarte im Plenum oder in PA nach der Zugehörigkeit einzelner Länder zu den Kontinenten.	Plenum Plenum/ PA
Tipp	**Erweiterung:** Die Aufgabe kann erweitert werden, indem man KT nach Städten fragen lässt.	Plenum
	Die Fragen können auch zum Quiz ausgebaut werden (hilfreich sind hier Kopien von einer Weltkarte, in der die einzelnen Länder auf Deutsch benannt sind). Der Kurs wird in zwei oder mehrere Gruppen aufgeteilt. Abwechselnd befragen sich KT nach verschiedenen Ländern und deren Zugehörigkeit zu den Kontinenten (oder nach Städten und deren Länderzugehörigkeit). Für jede richtige Antwort gibt es einen Punkt; die Gruppe mit den meisten Punkten gewinnt.	GA

Übungsbuch: S. 86/87, Übung 1–6

S. 11 ## 6

Lernziel	Wortschatz: Produkte; Grammatik: W-Frage mit *woher*; Präposition *aus* + Ländername	
Ablauf	KT notieren in EA/PA mögliche Herkunftsländer der Produkte. Da KT bei dieser Aufgabe zu verschiedenen Lösungen kommen können, präsentieren sie diese anschließend im Plenum (z. B. *In Deutschland finden Sie Tee aus China und Indien.*). KL sammelt die Ergebnisse an der Tafel.	EA/PA Plenum
Tipp	**Erweiterung:** Die Übung kann beliebig erweitert werden, z. B. durch Werbefotos von international bekannten Produkten aus Zeitschriften oder durch international bekannte Markennamen. Zusätzlich kann KL fragen: *Finden Sie diese Produkte in Ihrem Land? Finden Sie in Ihrem Land Produkte aus Deutschland/aus Österreich/aus der Schweiz?*	Plenum

7

Lernziel Aussprache: Intonation von Aussage- und Fragesätzen

Ablauf	**a)** KL spielt zunächst die Dialoge ganz vor, danach hören KT die Sätze einzeln und mit Pausen, sodass sie die Aussage- bzw. Fragesätze nachsprechen können.	Plenum
	b) Anschließend üben KT in PA die gleiche Satzfolge mit den Beispielen 1–6. KL geht von Gruppe zu Gruppe und achtet auf die Intonation sowie auf die Verwendung des korrekten Fragewortes *(woher)* und der korrekten Präposition *(aus)*. Einzelne Paare tragen anschließend die Sätze im Plenum vor.	PA
	Siehe unter Grammatik, S. 206.	Plenum
Tipp	**Erweiterung:** KT üben die Satzfolge der Aufgabe 7a) mit den Produkten aus Aufgabe 6 *(Tee. – Tee? Woher? – Aus China. Tee aus China.)* in Form einer Kettenübung.	Plenum

Übungsbuch: S. 87, Übung 1–2

Mitten in Europa

1

Lernziel Detailliertes Leseverstehen; Grammatik: W-Frage mit *wo, woher, wohin*; die Präpositionen *aus, in, nach* bei Länder- und Städtenamen

Ablauf	KT betrachten die Karte und KL liest den Text laut vor. Anschließend lesen einige KT den Text in Abschnitten laut vor. KL zeigt anhand der Karte in Aufgabe 1: *Wo ist der Zug? – In Deutschland. Woher kommt der Zug? – Aus Kopenhagen. / Aus Moskau. Wohin fährt der Zug? – Nach Wien. / Nach Paris.* Neuer Wortschatz wird mit Hilfe der Karte geklärt, in die KT die Fahrtrichtungen des Zuges und die Himmelsrichtungen eintragen. KT unterstreichen dann in EA alle Ortsangaben mit Präpositionen im Text.	Plenum EA

2

Lernziel Mündlicher Ausdruck; Grammatik: die Präpositionen *aus, in, nach*

Ablauf	**a)** KT ergänzen mit Hilfe des Textes in EA/PA die Lücken mit den passenden Präpositionen. Bei der Besprechung im Plenum macht KL auf den Zusammenhang zwischen *wo* und *in*, *woher* und *aus* sowie *wohin* und *nach* aufmerksam und weist darauf hin, dass diese Präpositionen nur bei Städte- bzw. Ländernamen (ohne Artikel) in dieser Weise verwendet werden.	EA/PA Plenum
	b) KT berichten zunächst in PA und anschließend im Plenum, woher die Züge kommen bzw. wohin sie fahren, indem sie die Städtenamen aus den beiden Schüttelkästen kombinieren (z. B. *Der Zug kommt aus Kopenhagen und fährt nach Genf.*).	PA, Plenum
	Siehe unter Grammatik, S. 206.	
Tipp	**Erweiterung:** KT erstellen mit Hilfe des KL und einer Europa- oder Deutschlandkarte in PA/GA eine Liste weiterer Städte. Dann bilden sie mit den gesammelten Städtenamen Sätze nach dem Muster von Aufgabe 2 und schreiben diese auf. Anschließend tragen sie ihre Ergebnisse im Plenum vor.	PA/GA Plenum

3

Lernziel	Aussprache: Intonation bei Frage- und Aussagesätzen	

Ablauf
a) Vorentlastung: KL schreibt die Beispielsätze an die Tafel oder auf OHP-Folie und markiert die Satzzeichen. KL wiederholt gemeinsam mit KT, dass nach W-Fragen sowie Ja-/Nein-Fragen ein Fragezeichen und nach Aussagesätzen ein Punkt steht. Er weist auf die unterschiedliche Intonation bei Frage- und Antwortsätzen hin.   Plenum
Während KL die Sätze einmal vorspielt, sollen KT beim Zuhören besonders auf die unterschiedliche Intonation achten. KL spielt den Hörtext noch einmal langsam vor, indem er nach jedem Satz eine kurze Pause einlegt.

b) KL kann die Intonation bei Frage- und Aussagesätzen entweder durch Pfeile (W-Frage = ↗; Ja-/Nein-Frage = ↗ ; Aussagesatz = ↘) oder mittels der entsprechenden Handbewegungen visualisieren. KL spielt die Sätze 1–6 nacheinander vor. KT ergänzen schriftlich in EA   EA
die Satzzeichen (Fragezeichen bzw. Punkt). KT hören die Sätze noch einmal, damit sie ihre Lösungen überprüfen können.

Tipp
Erweiterung: KL bereitet für jeden KT Aussagesätze und Fragen auf Zetteln vor und teilt sie aus. Ein KT liest einen Satz mit der entsprechenden Intonation vor, ein anderer bestimmt, ob es sich um eine Frage oder Aussage handelt. Die Übung wird als Kettenübung fortgesetzt.   Plenum

Übungsbuch: S. 88/89, Übung 1–5

Ein Zug in Deutschland

1

Lernziel	Detailliertes Leseverstehen	

Ablauf
Vorentlastung: KT betrachten zunächst die einzelnen Bilder. KL fragt: *Wo sind die Leute? Wie viele Personen sind da?* KT lesen leise die Texte in EA/PA. KL klärt neuen Wortschatz.   Plenum / EA/PA
Dann markieren KT, welche Sätze richtig bzw. falsch sind. Bei der Besprechung im Plenum sammeln KT die Wörter bzw. Sätze, die ihnen bei der Lösung geholfen haben. Danach liest KL die einzelnen Texte laut vor. KT lesen anschließend die Texte ebenfalls laut vor.   Plenum

Tipp
Wenn eine Deutschlandkarte zur Verfügung steht, bietet es sich an, die in den Texten genannten Orte auf der Karte zu suchen und gemeinsam zu überlegen, wohin die Leute reisen.   Plenum
Erweiterung: KL teilt den Kurs in mehrere Gruppen und kopiert für jede Gruppe die Bilder und Texte aus Aufgabe 1. KT lesen zunächst in GA die Texte und ordnen sie den Bildern zu. Danach übertragen KT eine Tabelle mit fünf Spalten (Name – Wohnort – Herkunft – Reiseziel – Beruf) in ihr Heft. KT suchen nun in den Texten für jede Person die entsprechenden Informationen und füllen die Tabelle aus; manche Felder bleiben leer.   GA

2

Lernziel Grammatik: Pronomen in der 3. Person Singular und Plural

Ablauf	KL schreibt den ersten Satz an die Tafel bzw. auf OHP-Folie und unterstreicht *Frau Schmidt* und das Pronomen *sie*. KT lesen in EA/PA noch einmal die Texte in Aufgabe 1 und markieren die Personen und Pronomen. Dann ergänzen KT in EA die Lücken und vergleichen ihre Ergebnisse im Plenum. KL illustriert noch einmal mit Hilfe der Bilder den Unterschied zwischen den Pronomen in der 3. Person Singular und Plural. Siehe unter Grammatik, S. 205.	Plenum EA/PA EA Plenum

Übungsbuch: S. 89/90, Übung 1–5

3

Lernziel Mündlicher Ausdruck; Grammatik: W-Frage mit *wer*

Ablauf	KT lesen die Dialoge und beantworten in PA/GA die Fragen aus dem Schüttelkasten. Falls es KT schwer fällt, aus dem Gedächtnis zu antworten, schlägt ein KT den Text auf und sucht die entsprechenden Antworten. Dann schreibt KL die vorgegebenen Dialoge an die Tafel bzw. auf OHP-Folie und markiert das Fragewort *wer* in den Fragesätzen und die Person in den Antwortsätzen *(Frau Mohr/Frau Schmidt, Lisa und Tobias)*. KL macht deutlich, dass sich die Frage *Wer?* auf eine und auf mehrere Personen beziehen kann.	PA/GA Plenum
Tipp	Zur Einübung der Pronomen und der W-Fragen bietet sich folgendes Spiel an: Ein KT beschreibt eine Person aus dem Text der Aufgabe 1 und lässt die anderen KT raten, um wen es sich dabei handelt, z. B. *Wer ist das? Er ist aus Australien. Er arbeitet viel.* usw. Das Spiel lässt sich auch auf die Beschreibung von Personen aus dem Kurs erweitern.	Plenum

4

Lernziel Grammatik: Verbkonjugation in der 3. Person Singular und Plural; Pronomen der 3. Person Singular und Plural

Ablauf	KT lesen noch einmal die Beispiele im Text und ergänzen in EA die Verb-Endungen in der Tabelle. Beim Vergleich im Plenum macht KL auf die Verb-Endungen in der 3. Person Singular und Plural sowie auf den Vokalwechsel bei einigen Verben *(fahren, schlafen)* aufmerksam. Siehe unter Grammatik, S. 198/199.	EA Plenum
Tipp	**Erweiterung:** KL nennt den Infinitiv eines Verbs und ein Pronomen (3. Person Singular oder Plural). Ein KT formt das Verb entsprechend um und bildet einen Satz, z. B. *fahren, er: Er fährt.* Die Übung wird in Form einer Kettenübung fortgesetzt.	Plenum

S. 14 ## 5

Lernziel	Wortschatz: Verben; Grammatik: Verbkonjugation in der 3. Person Singular und Plural
Ablauf	KT ergänzen in EA/PA die Sätze mit den Verben aus dem Schüttelkasten in der korrekten Form. EA/PA
Tipp	In dieser Aufgabe wird zum ersten Mal *nicht* verwendet; die Verneinung soll aber noch nicht eingeführt werden. Wichtig ist, dass KT das Wort *nicht* als eine Möglichkeit identifizieren, mit der ein Satz verneint werden kann und dass sie die Position von *nicht* im Satz kennen. Dazu dient die Übung 5, S. 91 im Übungsbuch.

S. 14 ## 6

Lernziel	Aussprache: lange und kurze Vokale
Ablauf	**a)** KL spielt die Wörter vor, KT hören zu und lesen mit. Danach spielt Plenum KL die Wörter noch einmal einzeln vor und legt nach jedem Wort eine Pause ein, damit KT einzeln nachsprechen können. **b)** KT markieren in EA/PA die Vokale als kurz oder lang. Bei der EA/PA anschließenden Besprechung im Plenum gibt KL Hinweise für die Plenum Aussprache. Er macht darauf aufmerksam, dass Vokale bei Doppel-vokalen *(Tee)*, bei *ie (hier)* und bei Vokalen, denen ein *h* folgt *(fahren)* lang gesprochen werden, dagegen Vokale u.a. vor Doppelkonsonanten *(hallo)* kurz gesprochen werden.

Übungsbuch: S. 90/91, Übung 1–5

S. 15 ## 7

Lernziel	Selektives Hörverstehen
Ablauf	KL führt in die Situation ein: KT betrachten das Bild und KL fragt: *Wer ist* Plenum *da? Wie heißen sie?* KL spielt den Dialog einmal ganz vor und dann mehr-mals mit Pausen. Anschließend ergänzen KT in EA die Lücken. KT ver- EA gleichen ihre Lösungen. Plenum
Tipp	Der Dialog kann auch als Leseübung eingesetzt werden. KT lesen den Dialog zunächst in Dreiergruppen, dann im Plenum laut vor. KL korri- GA, giert besonders Aussprache und Satzintonation. Plenum

8

Lernziel	Grammatik: Verbkonjugation in der 1. und 2. Person Singular und Plural	
Ablauf	KT lesen den Dialog noch einmal und unterstreichen die Verben. Dann ergänzen sie in EA die fehlenden Verbformen in der Tabelle. KT vergleichen ihre Ergebnisse im Plenum und markieren im Anschluss die Endungen der Verben *kommen* und *fahren*. KT vervollständigen in EA die Tabelle im Buch mit den beiden Pronomen *er, sie* (Singular) und *sie* (Plural) und notieren die entsprechenden Formen von *kommen* und *fahren*. KL hält gemeinsam mit KT an der Tafel oder auf OHP-Folie folgendes Ergebnis fest: • *ich* (Singular): -e; *wir* (Plural): -en • *du* (Singular): -st; *ihr* (Plural): -t • *er, sie* (Singular): -t; *sie* (Plural): -en Siehe unter Grammatik, S. 198/199.	EA Plenum EA Plenum
Tipp	**Erweiterung:** KT lesen die Verben aus dem Schüttelkasten von Aufgabe 5 und erweitern in EA/PA die Tabelle im Heft. Die Verbformen können auch mit einem Würfel (1: 1. Person Singular, 2: 2. Person Singular, 3: 3. Person Singular usw.) in PA geübt werden; dazu werden so viele Würfel benötigt, wie es Paare im Kurs gibt. Ein KT nennt ein Verb in der Infinitivform, der andere würfelt und bildet dann mit dem gewürfelten Pronomen die entsprechende Verbform.	EA/PA PA

9

Lernziel	Mündliche Interaktion; Grammatik: Frage- und Aussagesätze, Verbkonjugation	
Ablauf	Vorentlastung: KT bereiten schriftlich mit Hilfe der Aufgaben 4 und 8 Sätze in GA vor. Dann tragen die Gruppen im Plenum die vorbereiteten Frage- und Antwortsätze vor. Anschließend soll die Aufgabe mündlich in Form einer Kettenübung fortgesetzt werden.	GA Plenum
Tipp	**Alternative:** Aus der Übung lässt sich auch ein Wettkampfspiel machen. Die Gruppe, die in vorgegebener Zeit die meisten korrekten Sätze aus den Wörtern gebildet und aufgeschrieben hat, hat gewonnen.	GA

Übungsbuch: S. 92/93, Übung 1–8

Auf Wiedersehen

A

Lernziel	Wortschatz: Zahlen von 0 bis 100	
Ablauf	Vor dem Dialog in Aufgabe 1 werden die Zahlen von 0 bis 100 eingeführt. KL spielt die Zahlen einmal vor und KT lesen mit. Danach hören KT die Zahlen noch einmal und sprechen sie in den Sprechpausen laut nach. KL lenkt die Aufmerksamkeit zuerst auf Unregelmäßigkeiten bei den Zahlen (elf, zwölf, sechzehn, siebzehn, dreißig, sechzig, siebzig). KT markieren diese Zahlen im Textfeld.	Plenum

Dann erläutert KL das Verfahren der Zahlenbildung bei den Zahlen 21 bis 99, indem er an der Tafel bzw. auf OHP-Folie notiert:

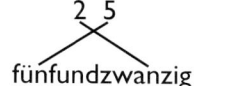

fünfundzwanzig

siebenunddreißig

KT sollen erkennen, dass die Zahlen in Zehnerschritten von rechts nach links gelesen werden. KT setzen die Zahlenreihe bis 100 fort. KL weist auf die besondere Bildung der Zahlen 21, 31, 41 usw. (*ein*undzwanzig statt *eins*undzwanzig) sowie auf Verwechslungsprobleme wie 27 und 72 oder 17 und 70 hin.

Tipp	KT zählen im Anschluss an Aufgabe A die Zahlen von 0 bis 100 der Reihe nach als Kettenübung durch. Weitere Spiele zum Einüben der Zahlen sind unter Aufgabe B zu finden.	Plenum

S. 17 B

Lernziel	Detailliertes Hörverstehen; Wortschatz: Zahlen von 0 bis 100	
Ablauf	KL spielt die Zahlen mehrmals vor. KT markieren in EA/PA in den Zahlenreihen 1–4, welche Zahl sie jeweils hören. Anschließend hören KT die Zahlenreihen noch einmal, damit sie ihre Lösungen überprüfen können. Bei der Besprechung im Plenum schreibt KL alle genannten Zahlen an die Tafel und lässt sie von KT laut vorlesen.	EA/PA Plenum
Tipp	Zum Einüben der Zahlen sollen KT möglichst viele schriftliche HA machen, z. B. Zahlen ausschreiben oder umgekehrt ausgeschriebene Zahlen in Ziffern übertragen. Spiele, mit denen man die Zahlen einüben kann: • Das Spiel *1-2-3-Plumps*: siehe unter Spiele • Jeder KT zieht 3–5 vom KL vorbereitete Zettel, auf denen Zahlen stehen. Derjenige, der glaubt, die niedrigste Zahl gezogen zu haben, beginnt und liest seine Zahl vor. Danach liest der, der meint, die nächsthöhere Zahl gezogen zu haben, seine Zahl vor usw. • *Zahlendiktat:* Jeder KT zieht verdeckt ein paar Zahlen, die KL auf Zetteln vorbereitet hat, und diktiert sie seinem Partner. Dann werden die Rollen vertauscht. Zum Schluss vergleichen KT ihre Ergebnisse. Wichtig ist, dass die Zahlen auch in den folgenden Unterrichtsstunden immer wieder geübt werden, z. B. mit Würfel- und Rechenspielen oder dem Spiel *Bingo* (siehe unter Spiele).	Plenum Plenum PA Plenum

S. 17 C

Lernziel	Wortschatz: Telefonnummern	
Ablauf	KL liest das Beispiel laut vor und macht auf die beiden Varianten, die man bei Telefonnummern verwendet, aufmerksam. KT lesen die Telefonnummern in EA und beachten die beiden Varianten. Danach lesen sie sich gegenseitig die jeweilige Telefonnummer zuerst in Variante 1, dann in Variante 2 vor. Anschließend tragen einzelne KT die Telefonnummern im Plenum vor.	EA PA Plenum
Tipp	KT diktieren sich in PA Telefonnummern und vergleichen anschließend ihre Ergebnisse.	PA

Übungsbuch: S. 94, Übung 1–3

S. 16	**1**		
	Lernziel	Selektives Hörverstehen; Wortschatz: Adresse und Telefonnummern	
	Ablauf	Vorentlastung: KT betrachten das Bild und KL fragt: *Wer ist da? Wie heißen sie? Wo sind sie?* KL spielt das Gespräch bei geschlossenen Büchern zunächst ganz vor, dann mit Pausen. KL fragt: *Wie viele Personen sprechen? Wie heißen sie?*	Plenum
		KT hören den Text noch einmal, lesen den Dialog im Kursbuch mit und ergänzen in EA/PA die fehlenden Zahlenangaben. Beim erneuten Hören können KT ihre Lösungen überprüfen.	EA/PA
	Tipp	Diese Aufgabe kann auch als Leseübung eingesetzt werden. KT lesen den Dialog mit verteilten Rollen zunächst in Dreiergruppen, dann im Plenum laut vor.	GA, Plenum

S. 17	**2**		
	Lernziel	Wortschatz: Adresse und Telefonnummern, *du* vs. *Sie*	
	Ablauf	a) KT lesen die Visitenkarte von Marlene Steinmann und vervollständigen in EA/PA die Fragen. KT markieren *du* bzw. *deine* in den Fragen.	EA/PA
		b) KT lesen die Frage- und Aussagesätze aus dem Schüttelkasten und ordnen sie in EA/PA in die Tabelle ein. Die Aufgabe wird leichter, wenn KT zuerst die *du*-Sätze notieren. Bei der Besprechung im Plenum wiederholt KL gemeinsam mit KT die Unterschiede zwischen informellen Fragen *(du)* und formellen Fragen *(Sie)* und weist nochmals auf die unterschiedlichen Verb-Endungen hin.	EA/PA Plenum
	Tipp	Die Possessivartikel *mein, dein, Ihr* werden hier in festen Ausdrücken verwendet, sollen aber noch nicht als Einzelphänomen thematisiert werden. Die Possessivartikel werden in Lektion 3 eingeführt.	
		Transfer: KT schreiben im Anschluss an Aufgabe 2 in EA ihre eigenen Visitenkarten, die sie dann austauschen und für Aufgabe 3 verwenden können. Diese Visitenkarten können mit Angabe der E-Mail-Adresse und der Handy-Nummer ergänzt werden.	EA

S. 17	**3**		
	Lernziel	Mündliche Interaktion; Wortschatz: Adresse und Telefonnummern	
	Ablauf	KT erfragen mit den Redemitteln aus Aufgabe 2 in PA/GA ihre Adressen und Telefonnummern in der *Sie*- und *du*-Form.	PA/GA
	Tipp	Anhand dieser Aufgabe können KT gemeinsam eine Liste erstellen, die die Adressen und Telefonnummern aller KT enthält.	Plenum
		Erweiterung: Um die Aufgabe zu variieren, verteilt KL verschiedene, vorher gesammelte oder von KT selbst erstellte Visitenkarten. KT müssen im Plenum mit den Angaben auf den Visitenkarten antworten.	Plenum

Übungsbuch: S. 94/95, Übung 1–4

Im Deutschkurs

1

Lernziel	Wortschatz: Verben im Deutschkurs	
Ablauf	KT lesen die Verben im Schüttelkasten und klären gemeinsam mit KL den Wortschatz. KT überlegen dann in EA/PA, welche Verben zu der Situation *Im Deutschkurs* passen und welche nicht. Bei der Besprechung im Plenum wiederholt KL noch einmal die Bedeutung der einzelnen Verben.	Plenum EA/PA Plenum

2

Lernziel	Wortschatz: Arbeitsanweisungen; Grammatik: Imperativ-Satz	
Ablauf	KL verdeutlicht anhand der Bilder den Zusammenhang zwischen den Verben in der Menüleiste, den Arbeitsanweisungen des KL und den entsprechenden Tätigkeiten der KT. Zunächst lesen KT die Verben in der Menüleiste, dann die Imperativ-Sätze und betrachten danach die Bilder. Anschließend schreiben KT in EA die richtigen Verbformen in die Lücken.	Plenum EA

3

Lernziel	Grammatik: Imperativ-Satz	
Ablauf	KT ergänzen in EA die Imperativ-Sätze und markieren die Verben in den Sätzen. KL schreibt alle Sätze an die Tafel bzw. auf OHP-Folie. Dabei listet er unter dem Stichwort „Imperativ-Sätze" alle Arbeitsanweisungen und unter dem Stichwort „Aussagesätze" alle Antworten auf und markiert die Verben in den Sätzen. Über die Verben in den Imperativ-Sätzen schreibt er „Position 1" und über den Verben in den Aussagesätzen notiert er „Position 2". KT übertragen die Notizen des KL in EA in ihre Tabelle im Buch und wiederholen gemeinsam anhand der Beispiele den Unterschied zwischen einem Imperativ-Satz und einem Aussagesatz. Siehe unter Grammatik, S. 195/196.	EA Plenum EA Plenum

4

Lernziel	Mündlicher Ausdruck; Wortschatz: Arbeitsanweisungen; Grammatik: Imperativ-Satz	
Ablauf	KL ruft einen KT auf, der einen Imperativ-Satz mit einem Verb aus Aufgabe 1 bildet und den nächsten KT bestimmt, der wieder einen Imperativ-Satz bilden muss. Diese Kettenübung kann erweitert werden, indem nach jedem Imperativ-Satz ein Aussagesatz mit demselben Verb gebildet wird: *Ordnen Sie bitte. – Ich ordne.*	Plenum
Tipp	**Erweiterung:** KL bereitet Kärtchen mit weiteren Verben vor, mit denen KT wie in Aufgabe 4 Imperativ- und Aussagesätze bilden.	Plenum

Übungsbuch: S. 96, Übung 1–3

Zur Grammatikseite der Lektion: Übungsbuch: S. 97, Übung 1–4

Bilder aus Deutschland

1

Lernziel	Detailliertes Leseverstehen; Wortschatz: Ortsbezeichnungen, Gebäude, Fahrzeuge	

Ablauf	**a)** KT lesen leise den ersten Text und versuchen mit Hilfe des dazugehörigen Fotos, das das unbekannte Schlüsselwort des Textes illustriert, so viel wie möglich zu verstehen. Dann liest KL den Text vor und sichert gemeinsam mit KT das Verständnis. Ebenso wird mit den Texten 2–5 verfahren.	EA / Plenum
	b) In EA/PA lesen KT noch einmal die Texte. Dort finden sich Hinweise zur geografischen Lage der genannten Orte (z. B. *Hafen, Norddeutschland*), sodass KT die fehlenden Ortsnamen der stilisierten Landkarte ergänzen können.	EA/PA

Tipp	**Vorentlastung:** KT unterstreichen in PA/GA alle internationalen Wörter, die sie im Text erkennen. KL listet die Wörter auf Zuruf an der Tafel auf und fragt KT nach der Bedeutung bzw. der Entsprechung in anderen Sprachen (z. B. *Schiff* – engl. *ship;* Norden – engl. *north,* span. *norte* usw). Diese Aufgabenstellung ist nur für Lernergruppen mit Kenntnissen in europäischen Fremdsprachen geeignet.	PA/GA Plenum
	Alternative: KL kopiert alle Bilder sowie Texte und schneidet sie aus. KT kombinieren in PA/GA je ein Bild und einen Text. Die Kombinationen werden im Plenum besprochen. Erst danach öffnen KT die Bücher und bearbeiten Aufgabe 1 b). Dieser Alternativvorschlag lässt sich nur mit sehr starken Lernergruppen durchführen.	PA/GA Plenum
	Erweiterung:	
	• KT nennen ihnen bekannte Orte in Deutschland und suchen bzw. zeigen diese auf einer Karte.	Plenum
	• KL bringt, wenn möglich, weitere Bilder von Orten in Deutschland mit und hängt sie im Kursraum auf.	
	Landeskunde: Die Hinterlegung der Doppelseite – oben das Meer im Norden, unten die Berge im Süden – symbolisiert die geografischen Gegebenheiten Deutschlands von Norden nach Süden. Dies sollte KL nach Möglichkeit auch auf einer Deutschlandkarte veranschaulichen. In dieser Kursbuchlektion werden gemäß dem Lektionsthema ausschließlich Orte in Deutschland vorgestellt. Die Übung 3, S. 99 im Übungsbuch bietet erste landeskundliche Informationen über die Schweiz.	

Übungsbuch: S. 98, Übung 1–4

2

Lernziel	Selektives Leseverstehen; Grammatik: Zusammenhang zwischen dem unbestimmten und bestimmten Artikel	

Ablauf	KT lesen noch einmal die Texte und suchen die Artikel zu den in der Tabelle genannten Wörtern. In EA kreuzen sie in der Tabelle die gefundenen Formen an und erkennen so die Entsprechungen *ein/der* bzw. *das* und *eine/die.*	EA

Tipp KL kann bei der Kontrolle im Plenum folgende Hinweise geben:
- Bei den Wörtern in der Tabelle handelt es sich um Nomen.
- Nomen werden im Deutschen immer groß geschrieben.

Übungsbuch: S. 99/100, Übung 1–4

S. 22 3

Lernziel Wortschatz: Ortsbezeichnungen, Gebäude, Fahrzeuge; Grammatik: unbestimmter/bestimmter Artikel

Ablauf KT und KL lesen und betrachten gemeinsam das Beispiel. Der in Aufgabe 2 rein formale Zusammenhang *ein/der* bzw. *das* und *eine/die* wird hier in seiner Bedeutung sichtbar gemacht: *Plenum*
- *Das ist eine Straße* = undefiniert/unbestimmt (erste Erwähnung)
- *Die Straße liegt in Köln* = definiert/bestimmt (zweite Erwähnung)

KL kann zur weiteren Illustration des Zusammenhangs unbestimmt/bestimmt die Texte aus Aufgabe 1 hinzuziehen und KT dort die entsprechenden Wortpaare finden lassen (***ein** Hafen/**der** Hafen von Rostock; **ein** Schiff/**Das** Schiff kommt aus Russland.*). Nun müssen KT in EA/PA die Wörter aus dem Schüttelkasten dem passenden Bild zuordnen und außerdem den jeweils richtigen unbestimmten Artikel ergänzen.   *EA/PA*

Nach der Besprechung der Lösungen im Plenum halten KT und KL gemeinsam den Zusammenhang fest: *Plenum*
- *ein – der*
- *eine – die*
- *ein – das*

Siehe unter Grammatik, S. 202/203.

Tipp Zum Einüben der Artikel von bisher gelernten Nomen kann man in regelmäßigen Abständen immer wieder das *Artikelspiel* (siehe unter Spiele) in den Unterricht einbauen.

Erweiterung: Hat KL eigene Bilder mitgebracht, können KT in PA/GA anschließend Sätze zu den Bildern schreiben. KL gibt das Satzmuster dafür vor: *Das ist ein/eine … Der/Die/Das … liegt in/ist …* usw.   *PA/GA*

S. 23 4

Lernziel Grammatik: Singular und Plural

Ablauf Vorentlastung: KL ruft bei KT die Bedeutung der Begriffe Singular und Plural in Erinnerung, indem er z. B. folgende Zahlwörter verwendet: *ein Zug* = Singular; *zwei Züge, drei Züge* usw. = Plural.   *Plenum*

KT lesen die Wortlisten und ordnen in EA/PA den Wörtern im Singular den jeweils passenden Plural zu. Nach der Überprüfung der Ergebnisse markieren KT die verschiedenen Pluralsignale: *EA/PA*
-s, (Umlaut +) -e, (Umlaut +) -er, -(e)n.
Siehe unter Grammatik, S. 202.

Tipp **Erweiterung:** Zum Einüben und Wiederholen der Pluralformen kann man z. B. auch *Tangram, Domino* oder *Memory* spielen (siehe unter Spiele).

5

Lernziel   Grammatik: unbestimmter/bestimmter Artikel im Singular und Plural

Ablauf   KT ergänzen in EA die Tabelle mit den Wörtern aus dem Schüttel-   EA
kasten. Um die Aufgabe richtig zu lösen, müssen sie folgende Zusam-
menhänge erkennen:

- Nomen mit dem unbestimmten Artikel *ein, eine, ein* haben im Plural
keinen Artikel.
- Nomen mit dem bestimmten Artikel *der, die, das* haben im Plural
immer den Artikel *die.*

6

Lernziel   Grammatik: unbestimmter/bestimmter Artikel im Singular und Plural

Ablauf   KT kennen jetzt alle Formen des unbestimmten und des bestimmten
Artikels und können in EA/PA die Tabelle ausfüllen. Bei der Besprechung   EA/PA
sollte KL dem Kurs eine gemeinsame Konvention für die Darstellung des   Plenum
unbestimmten Artikels im Plural vorschlagen, z. B. – (Gedankenstrich)
oder Ø.
Anschließend erläutert KL die Symbolleiste der Tabelle im Kursbuch:

- *ein / der* = maskulin, symbolisiert durch ▽m▽
- *eine / die* = feminin, symbolisiert durch ▽f▽
- *ein / das* = neutrum, symbolisiert durch ▽n▽
- *– / die* = Plural für maskulin, feminin und neutrum,
      symbolisiert durch ▽Pl▽

KL sollte aber klarstellen, dass es keine eindeutigen Regeln für die
Pluralbildung gibt und dass deshalb jedes Nomen mit seiner Pluralform
gelernt werden muss.
Siehe unter Grammatik, S. 202/203.

Tipp   **Erweiterung:** An dieser Stelle ist es möglich, interessierte und sehr
gute Lernergruppen in die Arbeit mit dem (einsprachigen) Wörterbuch
einzuführen. KT schlagen in Wörterbüchern nach und versuchen in PA   PA
herauszufinden, wie man den Artikel bzw. die Pluralbildung erkennt. KL
hilft und systematisiert die gefundenen Konventionen an der Tafel.   Plenum
Für systematische Lernertypen eignet sich die Übung 6, S. 101 im
Übungsbuch, um die Pluralregularitäten an den wenigen, bisher bekannten
Nomen zu verdeutlichen.
KL kann folgende Tipps zum Lernen der Nomen geben:

- Anlegen einer Wortkartei: KT legen in PA/GA eine Wortkartei an,   PA/GA
indem sie alle neuen Wörter und einen Beispielsatz auf jeweils eine
Karteikarte schreiben. Auf der Rückseite kann man die mutter-
sprachliche Entsprechung vermerken. Die Nomen sollen immer mit
Artikel und Pluralform notiert werden. Für maskuline, feminine und
neutrale Nomen können jeweils verschiedenfarbige Karteikarten verwendet werden.
- Verbindung Wort und Bild (interaktive Gedächtnisbilder): KT verbin-
den in ihrer Vorstellung Nomen, die sie neu lernen, immer mit einem
Bild, das den jeweiligen Artikel verkörpert, z. B. Löwe = maskulin, Fee
= feminin, Haus = neutrum. Ein mögliches interaktives Gedächtnisbild
wäre folgendes: Um sich zu merken, dass *Straße* feminin ist, stellen
sich KT eine auf der Straße tanzende Fee vor. Diese Methode hilft
vor allem visuellen Lernertypen.

Lernziel	Wortschatz: Pluralformen der Nomen	
Ablauf	KT hören die Wortliste zwei- bis dreimal und markieren in EA, wo sie einen Plural hören. Dann überprüfen KT die Ergebnisse im Plenum.	EA Plenum
Tipp	Zur Festigung des neuen Wortschatzes sammelt KL auf Zuruf die Wörter, die KT in der Höraufgabe verstanden haben, in einer Art Schüttelkasten an der Tafel. Dann sortieren KT die Wörter in zwei Spalten, nämlich in Singular und Plural, und ergänzen die jeweils fehlende Form.	Plenum

S. 23 **8**

Lernziel	Aussprache: Wortakzent	
Ablauf	KL schreibt das Beispielwort *Hafen* mit der Markierung an die Tafel. Er spricht das Wort mit der korrekten Erstsilbenbetonung aus und zeigt dabei auf die markierte Silbe an der Tafel. So verdeutlicht KL, was es bedeutet, den Akzent zu markieren.	Plenum
	KT hören dann die Wörter ein- bis zweimal und markieren in EA jeweils die Wortakzente. KL spielt die Wörter zur Kontrolle nochmals vor. Anschließend lesen KT alle Wörter laut vor. KL korrigiert gegebenenfalls die Betonung. Alle Wörter können nochmals im Chor gesprochen werden, um den Akzent besonders deutlich hörbar zu machen.	EA Plenum
Tipp	**Erweiterung:** KT erarbeiten gemeinsam mit KL, warum die Wörter in 1 auf der ersten Silbe, die Wörter in 2 nicht auf der ersten Silbe betont werden. Lerner mit europäischen Fremdsprachenkenntnissen können feststellen, dass es sich in 2 um Wörter nicht-deutschen Ursprungs handelt.	Plenum

Übungsbuch: S. 100/101, Übung 1–7

Eine Stadt, ein Dorf

S. 24 **1**

Lernziel	Schriftlicher Ausdruck; Textzusammenhänge erkennen	
Ablauf	KT betrachten nur die Bilder. KL führt in die Situation ein: *Links – eine Stadt. Wie heißt die Stadt? / Wer ist in Frankfurt? / Rechts – ein Dorf. Wie heißt das Dorf? / Wer ist im Dorf?* KT versuchen nun in EA/PA die Sätze aus dem Schüttelkasten den beiden Fotos zuzuordnen. Dabei helfen ihnen insbesondere die Singular- bzw. Pluralendungen der Verben. Dann bringen sie die Sätze in eine sinnvolle Reihenfolge. Es gibt mehrere Möglichkeiten.	Plenum EA/PA
	KT lesen ihre Versionen vor. Gemeinsam werden Wortschatz- und Verständnisfragen geklärt. KT diskutieren mit KL die Unterschiede in ihren Texten; KL macht dabei bewusst, warum verschiedene Textversionen nebeneinander stehen können.	Plenum

Alternative: KL kopiert die Fotos von Herrn Matthis bzw. den Personen im Dorf und schreibt die Sätze aus dem Schüttelkasten auf Papierstreifen. KT erhalten (bei geschlossenen Büchern) für ihre PA jeweils die Fotos sowie die beschrifteten Papierstreifen und ordnen die Sätze den Fotos zu bzw. bringen die Sätze in eine sinnvolle Reihenfolge. Zur Kontrolle schreiben zwei Paare die Sätze zu je einem Foto auf OHP-Folie bzw. an die Tafel. Die Korrektur findet dann gemeinsam im Plenum statt. PA Plenum

Erweiterung: Um die neuen Verben zu wiederholen, kann KL Fragen stellen wie: *Was macht Herr Matthis? – Er wartet. / Was machen die Kinder? – Sie spielen Fußball. / Was machen Frau Brandner und Frau Preisinger? – Sie trinken Kaffee. Sie essen Eis und Schokoladentorte.* Plenum

Übungsbuch: S. 102–104, Übung 1–8

S. 25

2

Lernziel Selektives Hörverstehen; Wortschatz: Adjektive (Gegensatzpaare)

Ablauf Vorentlastung: KL führt in die Situation ein: *Herr Matthis wartet. Der Bus kommt nicht. Was sagt Herr Matthis?* KT lesen die Sätze in EA und klären gemeinsam mit KL (z. B. mit entsprechenden Gesten) die Bedeutung der Adjektive auf den Kärtchen: *Die Straßen in Frankfurt sind voll; die Straßen in Oberstdorf sind leer. / Die Stadt ist groß; das Dorf ist klein.* EA Plenum

Dann hören KT einmal den gesamten Text. Beim zweiten Hören markieren sie in EA die passenden Adjektive. Zur Kontrolle spielt KL den Text ein drittes Mal vor. EA

S. 25

3

Lernziel Selektives Hörverstehen; Wortschatz: Adjektive (Gegensatzpaare)

Ablauf Vorentlastung: KL führt in die Situation ein: *Frau Brandner und Frau Preisinger sind im Café.* KT lesen in EA die Sätze. Dann wird die Bedeutung der Adjektive auf den Kärtchen *(Das Eis ist kalt; der Kaffee ist kalt.)* gemeinsam geklärt. EA Plenum

Nun hören KT einmal den gesamten Text. Beim zweiten Hören markieren sie in EA die passenden Adjektive. KT hören den Text ein weiteres Mal, um ihre Lösungen zu überprüfen. EA

S. 25

4

Lernziel Wortschatz: Adjektive; Grammatik: *sein* + Adjektiv

Ablauf a) KT müssen in dieser Aufgabe die Adjektive selbstständig anwenden. Sie überlegen in EA/PA, welche Adjektive zu den Nomen passen. Die Adjektive aus dem Schüttelkasten können jeweils mehrfach verwendet werden. Die Auswertung kann in zwei Schritten erfolgen. Zunächst gibt KL an der Tafel das Satzmuster *(Wie ist der Tee? – Der Tee ist heiß oder kalt oder …)* vor, nach dem KT in PA ihre Ergebnisse formulieren. Anschließend werden die Ergebnisse, die unterschiedlich ausfallen können, im Plenum verglichen. EA/PA PA Plenum

b) Auch dieser Aufgabenteil kann in zwei Etappen durchgeführt werden. PA
Zunächst befragen sich KT in PA nach den Nomen aus der Liste in
Aufgabe a). Dabei müssen sie zu jedem Adjektiv *(voll)* zuerst die
Negation bilden *(nicht voll)* und dann das Gegenteil finden *(leer)*. KL
verdeutlicht dies, indem er den Modellsatz *(Ist der Zug **voll**? Nein, er
ist **nicht voll**. Er ist **leer**.)* an die Tafel schreibt und die entscheiden-
den Wörter (z. B. durch Unterstreichung) markiert. Anschließend
befragen sich KT in einer Kettenübung im Plenum nach dem gleichen Plenum
Modell. Stärkere Lernergruppen können direkt mit der Kettenübung
beginnen.

Tipp   **Erweiterung:** Adjektive können hier oder später folgendermaßen
geübt oder wiederholt werden:

- Arbeit mit Dialogbaukästen: KL gibt auf Karten oder an der Tafel Plenum
Dialoggerüste vor. Die Vorgaben können z. B. so aussehen:
Zug / voll? – Nein / leer.
Wie / Kaffee? – kalt.
KT sprechen oder schreiben dann die Dialoge in PA: PA
Ist der Zug voll? – Nein, er ist leer.
Wie ist der Kaffee? – Er ist kalt.
- KL bringt Bilder von weiteren Objekten (z. B. aus der Zeitschriften- Plenum
werbung) mit, die KT bereits benennen können. KT charakterisieren
die Bilder dann: *Das Bier ist kalt. / Das Auto ist schnell.* usw.
- Die Adjektivpaare können in der Folgestunde mit den Spielen
Memory oder *Domino* wiederholt werden, aber auch mit dem *Lotto-
spiel* (siehe unter Spiele).

Übungsbuch: S. 104–106, Übung 1–4

S. 25   # 5

Lernziel   Aussprache: Wortakzent

Ablauf   KT hören die Wörter ein- bis zweimal und markieren in EA jeweils die EA
Wortakzente. Dann spielt KL die Wörter zur Kontrolle nochmals vor. Plenum
Anschließend lesen KT alle Wörter laut vor. KL korrigiert gegebenenfalls die Betonung.
KL visualisiert an der Tafel die Regel: Bei zusammengesetzten Nomen
trägt der erste Bestandteil den Wortakzent. Dafür schreibt KL zunächst
das Wort *Platz* an die Tafel und markiert den Akzent. Dann schreibt er
links vor *Platz* das Wort *Fußball,* wischt die Markierung bei *Platz* aus und
markiert stattdessen das *u* von *Fußball.* Dann ergänzt KL über den beiden
Wortbestandteilen einen Pfeil von der Silbe *Platz* zur Silbe *Fuß.*
KT sprechen alle Wörter nochmals nach, evtl. im Chor, um den Akzent
besonders deutlich hörbar zu machen.

Übungsbuch: S. 106, Übung 1–2

Die Stadt Frankfurt

S. 26 **1**

Lernziel Detailliertes Leseverstehen

Ablauf Vorentlastung: KT betrachten die Fotos. KL stellt eine Verbindung von | Plenum
den Fotos zu der Aufgabenüberschrift her, um die Bedeutung des neuen
Wortes *Stadtrand* klar zu machen. Um die Bedeutung des negativen
Artikels *kein* vorzuentlasten (wird im Text neu eingeführt), stellt KL zu
Foto 1 (im Zentrum) die Frage: *Was ist hier?* KT können darauf Antworten wie *eine Straße, Menschen, Häuser, Restaurants* geben. Danach zeigt
KL auf das Foto 2 (am Stadtrand) und erklärt: *Hier sind **keine** Menschen,
keine Restaurants. Aber hier sind Autos, viele Autos.* Dann zeigt KL wieder
auf Foto 1 und sagt: *Hier sind **keine** Autos.*

KT lesen leise in EA die Texte. Dann liest KL die Texte vor und bittet | EA
KT die Wörter zu markieren, die typisch für das Stadtzentrum bzw. den
Stadtrand sind. Die Liste der markierten Wörter wird an der Tafel fest- | Plenum
gehalten und besprochen, das Verständnis der Wörter bzw. der Texte
gesichert.

Tipp **Erweiterung:** Um KT daran zu gewöhnen, Wörter stets mit ihrer Plu- | EA
ralform zu lernen, können KT in EA eine zweispaltige Liste der Nomen
aus dem Text anfertigen: links Singular, rechts Plural. Manche Formen
sind nicht in den beiden Texten zu finden, sondern müssen von KT frei
ergänzt werden.
Achtung: *im Zentrum* und *am Stadtrand* gelten hier als lexikalische Ein-
heiten; sie werden nicht als Nomen mit ihrem Artikel bzw. ihrer Pluralform eingeführt.

S. 26 **2**

Lernziel Globales Hörverstehen

Ablauf KL wiederholt die Aufgabenstellung für den Hörtext: *Herr Matthis ist in
Frankfurt. Ist er im Zentrum von Frankfurt oder ist er am Stadtrand von
Frankfurt?* KT hören den Hörtext einmal ganz. Beim zweiten Hören
markieren sie in EA, wo sich Herr Matthis befindet. | EA
Zur Besprechung sammelt KL auf Zuruf die Wörter (*keine Autos, zu Fuß,* | Plenum
Kino, Restaurant usw.) an der Tafel, die KT herausgehört haben. KT
vergleichen die gesammelten Wörter mit der Liste bzw. dem Text aus
Aufgabe 1.

Tipp KL kann KT darauf aufmerksam machen, dass Herr Volz, der Gesprächs-
partner von Herrn Matthis im Hörtext, aus Österreich kommt und
seine Aussprache eine regionale Färbung aufweist.

Übungsbuch: S. 107, Übung 1

3

Lernziel   Grammatik: Negation mit *kein* und *nicht*

Ablauf   KT ergänzen in EA/PA die Tabelle. Die fehlenden Elemente finden sie in   EA/PA
Aufgabe 1.

KL überträgt die Zeile mit dem unbestimmten Artikel *ein* an die Tafel.   Plenum
Dann visualisiert er, dass der negative Artikel *kein* im Singular dieselben
Formen wie der unbestimmte Artikel hat, indem er einfach ein *k* vor *ein,
eine, ein* setzt. Die abweichende Pluralbildung des unbestimmten und des
negativen Artikels wird dadurch kenntlich, dass die ganze Form *keine*
ergänzt werden muss. Dann überträgt KL einen weiteren Satz aus der
Tabelle an die Tafel: *Die Menschen arbeiten nicht hier.* Und darunter
schreibt er den Beispielsatz aus Aufgabe 4 b) von Seite 25: *Nein, der Zug
ist nicht voll.*

Das Tafelbild sieht also etwa so aus:

kein Bus, keine Kirche, kein Kino *keine Busse, keine Kirchen, keine Kinos*	Nomen: *kein*
Die Menschen arbeiten nicht hier. *Nein, der Zug ist nicht voll.*	Verben: *nicht* Adjektive: *nicht*

Die oberen beiden Zeilen werden durch eine Trennlinie von den anderen
beiden Zeilen abgesetzt, um die Regeln für *kein* und *nicht* zu visualisieren:
• *ein / eine* + Nomen = *kein / keine* + Nomen; sonst: Negation mit *nicht*.
Siehe unter Grammatik, S. 202 / 203.

4

Lernziel   Mündlicher Ausdruck; Wortschatz: Gebäude; Grammatik: Negation mit
kein

Ablauf   KT lesen die Wortkärtchen. Gemeinsam wird der neue Wortschatz   Plenum
geklärt *(Schule, Bank, Universität, Post)*. Dann betrachten KT die Fotos
und überlegen in EA, was für Gebäude auf den Fotos abgebildet sein   EA
könnten. Es gibt keine eindeutigen, also keine richtigen oder falschen
Zuordnungen.

KL beginnt nun mit der Frage *Was ist Nummer 1?* und liest den Beispiel-   Plenum
dialog mit einem KT zusammen vor. Wenn alles verstanden worden ist,
bilden KT in PA weitere Dialoge zu den Fotos 2 bis 6 nach dem gleichen   PA
Muster.

Zur Kontrolle sprechen KT einige Dialoge als Kettenübung im Plenum.   Plenum
KL protokolliert dabei an der Tafel die Formen des unbestimmten bzw.
negativen Artikels *(ein Museum – kein Museum, eine Kirche – keine Kirche
usw.)* und macht gegebenenfalls auf Fehler aufmerksam.

Tipp   **Erweiterung:** Zur Einübung der neuen Satzstrukturen *(Ich glaube, das   Plenum
ist ein ... / Nein, das ist kein ... usw.)* eignet sich die folgende Aktivität: KL
legt OHP-Folien mit vergrößerten Bildern (z. B. *Schiff, Bahnhof, Zug, Auto,
Bus, Haus, Kirche, Berg, Fabrik, Lastwagen, Hafen* usw.) mit einem Papier
abgedeckt auf den Tageslichtprojektor. Während er nach und nach die
Bilder aufdeckt, versuchen KT zu erraten, was auf den Bildern zu sehen
ist: *Ist das ein / eine ...? Ich glaube, das ist ein / eine ... / das sind ... Vielleicht
ein / eine ...?*

Zum Einüben der neuen Nomen von Lektion 2 können KT in GA *Memory,*   GA
Domino oder *Lotto* mit Bild- / Wortkärtchen spielen (siehe unter Spiele).

Alternative: Mit sehr guten Lernergruppen kann KL eine Variante zur Übung 3, S. 108 im Übungsbuch durchführen. Dazu skizziert KL an der Tafel oder auf dem OHP folgende Situation: Auf einer Mini-Insel mitten in der Einsamkeit des Meeres stehen zwei schiffbrüchige Personen, ein Mann und eine Frau. Die Sprechblase der Frau beinhaltet den Satzanfang: *Eine Katastrophe! Nur wir zwei, kein Schiff, kein ...* Die Sprechblase des Mannes beinhaltet den Satzanfang: *Fantastisch! Nur wir zwei, kein Schiff, kein ...* Die KT ergänzen die Gedanken der beiden Personen.

Landeskunde: Foto 1 zeigt den Frankfurter Messeturm, Foto 3 das Museum für Kunsthandwerk, Foto 4 das Museum für Moderne Kunst und Foto 6 die Frankfurter Buchmesse.

S. 27 **5**

Lernziel	Mündlicher Ausdruck	
Ablauf	Vorentlastung: KL schreibt die beiden Begriffe *Stadt* und *Dorf* an die Tafel. KT sammeln zunächst in EA/PA Wörter, die sie mit den beiden Begriffen assoziieren.	EA/PA
	KT nennen ihre Ergebnisse in ganzen Sätzen wie im Beispiel. KL sammelt die Begriffe an der Tafel und kontrolliert dabei besonders die richtige Verwendung der Artikel.	Plenum
Tipp	**Erweiterung:** Für eine anspruchsvolle freie Schreibaufgabe hängt KL Bilder (von Dörfern, Städten, Plätzen) aus, auf denen Dinge sind, die KT schon benennen können. In internationalen Lernergruppen können KT evtl. selbst Bilder aus ihren Herkunftsländern beisteuern. KL stellt Impulsfragen zu den Bildern *(Was ist das? / Was ist hier? / Was ist hier nicht?)*. KT können z. B. folgende Antworten geben: *Das ist ein Platz. / Hier sind Menschen und Geschäfte, aber keine Autos. / Der Platz ist groß.* usw. Die Antworten werden an der Tafel in der Form notiert, dass sie als Modell für die Beschreibung weiterer Bilder dienen:	Plenum

Das ist ein / eine ... / Das sind ...
Hier ist ein / eine ... / Hier sind ....
Hier ist kein / keine ... / Hier sind keine ...
Der / Die / Das ... ist ...

	KT notieren in PA/GA, was sie auf den Bildern sehen. Die (korrigierten) Bildbeschreibungen können zu den jeweiligen Bildern gehängt werden.	PA/GA

Übungsbuch: S. 107–109, Übung 1–6

In Köln

1

Lernziel	Detailliertes Hörverstehen	
Ablauf	KL führt in die Situation ein: *Das ist Marlene Steinmann. Was macht sie?*	Plenum
	KT hören den Hörtext zunächst einmal ganz. Dann lesen sie die Fragen und Antworten. Beim zweiten oder dritten Hören markieren sie ihre	EA
	Antworten. Bei der Besprechung im Plenum wird das Verständnis der Redemittel geklärt und gesichert.	Plenum

> Übungsbuch: S. 110, Übung 1–2

A

Lernziel	Wortschatz: Zahlen von 100 bis 1 000 000	
Ablauf	KT hören zunächst alle Zahlen und lesen still mit. Dann verdeutlicht KL die Verfahren der Zahlenbildung ab 100:	Plenum

* Zahlen mit Hunderter- und Tausenderschritten werden von links nach rechts gelesen: *101 = (ein)hundert + eins = (ein)hunderteins.*
* Zahlen mit Tausender-, Hunderter- und Zehnerschritten werden von links nach rechts (Tausender- und Hunderterschritte) und von rechts nach links (Zehnerschritte) gelesen: *2367 = zweitausend + dreihundert + siebenundsechzig = zweitausenddreihundertsiebenundsechzig*

KL kann an dieser Stelle auf die Bildung der Zahlen 1 bis 100 aus Lektion 1 hinweisen, um die richtige Lesart der Zehnerschritte zu wiederholen.

Zum Einüben der Zahlen sprechen KT verschiedene Zahlenreihen als Kettenübung: z. B. 100 bis 130, 100 bis 200 in Zehnerschritten, 1 000 bis 10 000 in Hunderterschritten, 10 000 bis 100 000 in Tausenderschritten usw.

Tipp	**Erweiterung:** KT schreiben zunächst 5 Zahlen zwischen 100 und 1 000 000 auf. Anschließend nennen sie sich gegenseitig in PA ihre Zahlen	EA
	und der Partner schreibt mit.	PA
	Zahlenwettkampf: KT teilen sich in Gruppe A und Gruppe B. KL schreibt ca. 30 Zahlen zwischen 100 und 1 000 000 an die Tafel. KT üben die Zahlen zunächst in ihrer jeweiligen Gruppe. Dann beginnt ein KT aus Gruppe A und liest die Zahlen laut und schnell vor. Macht er einen Fehler, kommt ein KT aus Gruppe B dran. Gewonnen hat die Gruppe, aus der zuerst ein KT alle Zahlen fehlerfrei gelesen hat.	GA

B

Lernziel	Wortschatz: Zahlen von 100 bis 1 000 000	
Ablauf	KT hören die Zahlen mehrmals und markieren in EA jeweils, welche Zahl sie hören.	EA
Tipp	Zum Üben des Hörverstehens von Zahlen eignet sich besonders das Spiel *Zahlenbingo* (*Zahlenbingo* und weitere Vorschläge siehe unter Spiele).	

C

Lernziel	Wortschatz: Zahlen von 100 bis 1 000 000	
Ablauf	KT hören die Zahlen zwei- bis dreimal und notieren in EA, was sie hören. Ein KT schreibt für die Kontrolle an der Tafel oder auf OHP-Folie, nach Möglichkeit verdeckt, mit. Ein KT liest seine Zahlen laut im Plenum vor und vergleicht diese mit den Zahlen an der Tafel.	EA Plenum

Übungsbuch: S. 110/111, Übung 1–5

2

Lernziel	Selektives Hörverstehen; Wortschatz: Zahlen von 100 bis 1 000 000	
Ablauf	KL führt in die Situation ein: *Martin Miller ist in Köln. Er hat viele Fragen. Er geht in die Touristen-Information. Hören Sie den Dialog.* KT hören dann den Text zwei- bis dreimal und ergänzen in EA die Zahlen. Nach der Kontrolle im Plenum verdeutlicht KL, dass auf die Frage *Wie viele?* eine Zahlenangabe folgt. Die Bildung der W-Fragen *Wie alt …? Wie hoch …?* kann (in Anknüpfung an die schon bekannte Struktur *sein* + Adjektiv) durch das folgende Tafelbild transparent gemacht werden: *Die Stadt Köln ist <u>alt</u>.* → *Wie <u>alt</u>?* *Die Kirche ist <u>hoch</u>.* → *Wie <u>hoch</u>?*	Plenum EA Plenum

3

Lernziel	Mündliche Interaktion; Wortschatz: Ortsbezeichnungen, Gebäude	
Ablauf	a) KT betrachten zunächst nur den Stadtplan. KL erklärt: *Das ist das Zentrum von Köln.* Dann fragt er: *Was ist A?* KT antwortet: *Der Dom.* usw. Anschließend lesen KT die Sätze 1–5 und ergänzen in EA/PA die semantisch und grammatisch passenden Begriffe aus dem Schüttelkasten. Zur Kontrolle lesen KT ihre Sätze vor. b) KT sammeln in PA alle Informationen, die sie in Aufgabe 2 und Aufgabe 3 a) über Köln gelesen haben und bilden Fragen mit den Impulsen aus den Sprechblasen. Zuerst üben sie Fragen und Antworten in PA, dann werden Fragen und Antworten im Plenum (z. B. als Kettenübung) ausgetauscht.	Plenum EA/PA Plenum PA PA, Plenum

4

Lernziel	Mündliche Interaktion; Wortschatz: Zahlen von 100 bis 1 000 000	
Ablauf	KL liest die Aufgabenüberschrift vor, um zu verdeutlichen, dass diese drei Fragen verwendet werden sollen: *Wie hoch …? / Wie alt …? / Wie viele …?* KT lesen in PA die Informationen 1–6. KT befragen sich dann gegenseitig und tragen ihre Fragen und Antworten im Plenum vor.	Plenum PA Plenum
Tipp	**Erweiterung:** KT können dann im Plenum weitere Fragen stellen, die sich z. B. auf den Kursort oder bekannte Orte beziehen: *Wie viele Menschen wohnen in X? Wie hoch ist die Kirche in X?* (X = Kursort). KL bringt Broschüren von verschiedenen Orten in den deutschsprachigen Ländern mit (von den Fremdenverkehrsämtern zu beziehen). KT erstellen in GA eine Collage oder Wandzeitung zu je einem Ort und präsentieren sie im Plenum.	Plenum GA Plenum

Übungsbuch: S. 112, Übung 1–2

Im Deutschkurs

1

Lernziel	Wortschatz: Kursutensilien	
Ablauf	KT ordnen in EA/PA die Wörter aus dem Schüttelkasten den Bildern zu und besprechen ihre Ergebnisse im Plenum.	EA/PA Plenum
Tipp	**Alternative:** KL macht aus der Aufgabe ein *Kimspiel* (siehe unter Spiele). KT betrachten die Bilder und ordnen ihnen je ein Wort aus dem Schüttelkasten zu. Anschließend macht KL eine andere Übung mit KT (z. B. Besprechung der HA, eine Zahlenübung usw.). Nach ca. 5 Minuten legt KL die tatsächlichen Gegenstände von den Bildern (*einen Kugelschreiber, einen Radiergummi, einen Bleistift, ein Buch, ein Blatt Papier* und *ein Heft*) an einen für alle sichtbaren Platz. Alternativ zeigt er die Bilder noch einmal ohne Beschriftung auf OHP-Folie. KT schreiben in EA nun so schnell wie möglich alle Wörter mit Artikel auf. Wer zuerst fertig ist, ruft „Stopp". Hat er alle Wörter korrekt aufgeschrieben, ist er Sieger.	EA Plenum EA

2

Lernziel	Wortschatz: Elemente des Kursbuchs	
Ablauf	KT betrachten die Bilder und lesen in EA die dazugehörigen Bezeichnungen. KL erinnert daran, dass Nomen immer mit Artikel und Plural gelernt werden sollen. Gemeinsam werden deshalb die Pluralformen gesucht und zu den Wörtern ergänzt. Hinweis: Das Wort *Grammatik* hat in dieser Bedeutung keinen Plural.	EA Plenum
Tipp	Dieser Wortschatz kann für das oben erwähnte *Kimspiel* mitverwendet werden (siehe unter Spiele).	

3

Lernziel	Wortschatz: Redemittel für die Kurskommunikation	
Ablauf	KT trennen die Wortschlangen und schreiben in EA einzelne Sätze in die Schreibzeilen. KL erklärt mit Hilfe von Gestik und Mimik die Bedeutung der einzelnen Redemittel. KT sprechen die Sätze in EA für sich nach, dann sprechen einzelne KT die Sätze im Plenum laut. KL kann dabei gegebenenfalls phonetische Korrekturen anbringen.	EA EA Plenum
Tipp	In der Übung 1, S. 113 im Übungsbuch wird die grammatische Metasprache für die Kurskommunikation geübt. Die KT lernen hier, Nomen, Adjektive und Verben zu unterscheiden und zu benennen.	

> Übungsbuch: S. 113, Übung 1–2

> Zur Grammatikseite der Lektion: Übungsbuch: S. 113, Übung 1–2

Meine Familie und ich

S. 32 **1**

Lernziel	Globales Hörverstehen	

Ablauf	Vorentlastung: KT betrachten das Bild. KL fragt: *Was sehen Sie auf dem Bild? Meine Familie und ich: Was für eine Sendung ist das? Was möchte die Frau?*	Plenum
	KL spielt die Hörtexte mehrmals vor und legt nach jedem Text eine Pause ein. Danach hören KT sie noch einmal ganz. KT markieren in EA/PA die richtige Lösung. Im Plenum besprechen KT die Dinge, die ihnen bei der Lösung geholfen haben. Die Unterschiede zwischen den einzelnen Fernsehsendungen (Nachrichtensendung, Krimi, Familienshow) sind über die Hörtexte leicht zu erschließen.	EA/PA, Plenum
Tipp	**Erweiterung:** An diese Aufgabe kann sich ein Gespräch über Fernsehsendungen anschließen. KL fragt: *Welche Fernsehshows sehen Sie gerne? Wie heißen sie?* Zur Beantwortung dieser Frage kann KL Fernsehprogramme mitbringen. KT suchen in PA/GA Fernsehshows heraus, die sie kennen bzw. mögen, und präsentieren ihre Ergebnisse anschließend an der Tafel oder auf OHP-Folie.	Plenum PA/GA Plenum

S. 33 **2**

Lernziel	Selektives Leseverstehen; Wortschatz: Angaben zur Person	

| **Ablauf** | KL führt mit Hilfe der Bilder in die Situation ein. KL fragt: *Wie viele Personen sind da? Was machen sie?* | Plenum |
| | KT lesen den Dialog zunächst leise in EA, danach in verteilten Rollen in PA. Nach der Klärung von neuem Wortschatz stellt KL Fragen zum Text: *Wo sind die beiden Personen? Wie heißen sie? Was möchte Frau Mainka? Was fragt Frau Schnell?* Anschließend tragen einzelne KT den Dialog noch einmal mit verteilten Rollen im Plenum vor. KL korrigiert Aussprache und Satzintonation. | EA, PA Plenum Plenum |

S. 33 **3**

Lernziel	Selektives Leseverstehen; Wortschatz: Angaben zur Person	

| **Ablauf** | KT lesen noch einmal in EA/PA den Dialog in Aufgabe 2, unterstreichen die gesuchten Fragen sowie Antworten und schreiben sie in die Tabelle. Nach der Besprechung im Plenum stellen KT verschiedenen Partnern Fragen und antworten mit ihren persönlichen Angaben. | EA/PA Plenum PA |
| **Tipp** | **Erweiterung:** KL verteilt an jeden KT eine Karte mit den Angaben einer fiktiven Person oder von berühmten Persönlichkeiten. KT interviewen sich mit den Fragen in Aufgabe 3 und antworten in den vorgegebenen Rollen. Danach wechseln KT ihren Interviewpartner. | PA |

Übungsbuch: S. 114, Übung 1–3

S. 34 **4**

Lernziel	Detailliertes Leseverstehen; Wortschatz: Angaben zur Person und zum Familienstand	
Ablauf	Vorentlastung: KL führt KT in die Situation ein, indem er ihre Aufmerksamkeit erneut auf die Bilder in Aufgabe 2 lenkt. KT formulieren Sätze zu den Bildern und wiederholen die Informationen aus dem Text der Aufgabe 2. Dann betrachten KT die beiden Bilder in Aufgabe 4 und KL fragt: *Was sehen Sie? Wer ist da?*	Plenum
	a) KT lesen den Dialog zunächst in EA, danach lesen zwei KT den Dialog mit verteilten Rollen vor. Anschließend klärt KL anhand der Bilder den neuen Wortschatz und stellt Fragen zum Text: *Wie ist der Familienstand von Frau Mainka? Wie viele Kinder hat sie? Wie heißen ihre Kinder?* usw.	EA, Plenum
	b) KT markieren in EA/PA, welche Sätze richtig bzw. falsch sind. Nach der Besprechung im Plenum spielen KT den Dialog noch einmal in PA mit verteilten Rollen. KL geht von Gruppe zu Gruppe, um Aussprache und Intonation zu korrigieren.	EA/PA Plenum, PA

S. 34 **5**

Lernziel	Selektives Leseverstehen; Wortschatz: Angaben zur Person und zum Familienstand	
Ablauf	Anhand des Dialogs in Aufgabe 4 finden KT in EA/PA die richtigen Antworten zu den Fragen. Anschließend lesen einzelne KT im Plenum die zusammengehörenden Frage- und Antwortpaare laut vor.	EA/PA Plenum

S. 35 **6**

Lernziel	Aussprache: Umlaute	
Ablauf	**a)** KL spielt die Wörter vor und KT lesen leise mit. Danach spielt KL die Wörter noch einmal einzeln vor und legt nach jedem Wort eine Pause ein, damit KT einzeln nachsprechen können.	Plenum
	b) KL spielt die Wörter vor und KT lesen wieder leise mit. Danach hören KT die Wörter noch einmal und markieren in EA/PA die Umlaute als kurz oder lang. An die Besprechung im Plenum kann sich noch eine Sprechübung anschließen: KT lesen die Wörter zunächst in PA und dann im Plenum laut vor.	EA/PA Plenum PA, Plenum
Tipp	Zur Übung der langen und kurzen Vokale / Umlaute bietet sich für stärkere Lernergruppen folgendes Spiel an: KL bereitet Karten vor, die mit je einem Familiennamen, der einen Umlaut enthält, beschriftet werden (*Möhler, Möller, Moller, Mühler, Müller, Muller, Mähler, Mäller, Maller* – bei sehr starken KT zusätzlich *Mehler, Meller, Mieler, Miller*). Jeder KT erhält eine Karte (je nach Kursgröße können Namen doppelt vergeben werden). KL schreibt sämtliche Namen zusätzlich noch an die Tafel. KL beginnt z. B. mit der Frage: *Wo ist Herr / Frau Möller?* Der KT, der die gesuchte Karte besitzt, meldet sich, sagt seinen Namen und zeigt seine Karte. KL streicht den betreffenden Namen an der Tafel aus. Das Spiel wird fortgesetzt, bis alle Familiennamen genannt wurden.	Plenum

Erweiterung: KL malt ein Haus mit neun Wohnungen an die Tafel oder auf OHP-Folie. KT übertragen die Zeichnung in ihre Hefte. KL beschreibt, wo die einzelnen Familien wohnen, z. B. *oben links* (dabei zeigt er auf die Wohnung oben links) *wohnt Familie Moller, unten links Familie Muller, Möller, Müller* usw. KT tragen in EA die Familiennamen in das Haus ein. Die Ergebnisse werden zunächst in PA, dann im Plenum verglichen.

EA
PA,
Plenum

Übungsbuch: S. 115/116, Übung 1–5

S. 35 7

Lernziel	Grammatik: Fragen mit *du* und *Sie*

Ablauf KT lesen die *du*-Fragen und schreiben in EA/PA mit Hilfe der Dialoge in Aufgabe 2 und 4 die entsprechenden *Sie*-Fragen in die Zeilen daneben. Nach der Besprechung im Plenum üben KT die *du*- und *Sie*-Fragen in einer Kettenübung.

EA/PA

Plenum

Tipp **Erweiterung:** Im Zusammenhang mit den *du*- und *Sie*-Fragen ist es sehr wichtig, dass KL immer wieder auf die zwei unterschiedlichen Verbformen aufmerksam macht. Dazu schreibt KL die Stichworte *du* und *Sie* an die Tafel bzw. auf OHP-Folie und KT ordnen im Plenum die Verben aus Aufgabe 7 den Stichpunkten zu. KL markiert die Endungen *-st* für die 2. Person Singular und *-en* für die 3. Person Plural. KT unterstreichen ebenfalls die entsprechenden Endungen im Buch.

Plenum

S. 35 8

Lernziel	Grammatik: Possessivartikel *mein, dein, Ihr*

Ablauf KT ergänzen in EA mit Hilfe des Textes die Tabelle mit den Possessivartikeln. Bei der Besprechung im Plenum fassen KT und KL zusammen:
- *ich – mein, meine*
- *du – dein, deine*
- *Sie – Ihr, Ihre*

Dann markieren KT in EA die Endungen der Possessivartikel in der Tabelle. KT vergleichen mit Hilfe des KL die unterschiedlichen Endungen und entwickeln folgende Regeln:
- Possessivartikel haben bei Nomen im Maskulinum *(der Name)* und Neutrum *(das Foto)* keine Endung *(mein Name, mein Foto)*.
- Possessivartikel haben bei Nomen im Femininum *(die Familie)* und bei Nomen im Plural *(die Kinder)* die Endung *-e (meine Familie, meine Kinder)*.

KL weist abschließend darauf hin, dass die Possessivartikel dieselben Endungen wie der unbestimmte Artikel haben.
Siehe unter Grammatik, S. 204.

EA
Plenum

EA

Tipp **Erweiterung:** KL bringt verschiedene Gegenstände mit, verteilt sie und fragt einen KT, z. B. *Ist das Ihr / dein Kugelschreiber?* KT antwortet: *Nein, das ist nicht mein Kugelschreiber. / Ja, das ist mein Kugelschreiber.*
Bei dieser Übung sollen KT lernen, bei der Frage des KL auf die Endung des Possessivartikels zu achten, um die passende Endung für ihre Antwort zu finden.

Plenum

S. 35 **9**

Lernziel	Mündliche Interaktion; Wortschatz: Angaben zur Person; Grammatik: Possessivartikel *mein, dein, Ihr*	
Ablauf	Vorentlastung: KT lesen die Texte in den Sprechblasen und bereiten in EA schriftlich geeignete Fragen für ein Interview vor. KT können sich bei der Vorbereitung der Fragen an Aufgabe 7 orientieren.	EA
	Anschließend stellen sich KT in PA/GA mit Hilfe ihrer Notizen Fragen zu ihren Personalien. Dabei können sie wahlweise *du-* bzw. *Sie*-Fragen verwenden. Zum Schluss stellen KT ihren Partner im Plenum vor: *Das ist … Er / Sie ist … alt. … ist verheiratet / nicht verheiratet. Er / Sie … hat 3 Kinder.* usw.	PA/GA Plenum

Übungsbuch: S. 116/117, Übung 1–4

Die Hobbys von Frau Mainka

S. 36 **1**

Lernziel	Selektives Leseverstehen	
Ablauf	Vorentlastung: KL fragt KT, was sie bereits über Frau Mainka und Frau Schnell wissen, und sammelt die Informationen stichwortartig an der Tafel bzw. auf OHP-Folie.	Plenum
	KT lesen den Text zuerst leise in EA, dann lesen zwei KT den Dialog mit verteilten Rollen vor. Nach der Klärung von neuem Wortschatz sichert KL das Textverständnis anhand der Fragen: *Was sind die Hobbys von Frau Mainka? Was macht sie gern? Was macht sie nicht gern?* Anschließend lesen KT den Dialog noch einmal in PA. KL geht von Gruppe zu Gruppe und korrigiert Aussprache und Intonation.	EA, Plenum PA

S. 36 **2**

Lernziel	Wortschatz: Hobbys; Grammatik: zweiteilige Verben	
Ablauf	KT lesen die Verben und die Beispielsätze. Dann fragt KL einen KT: *Was ist Ihr Hobby? Was machen Sie gern?* KT antwortet und gibt die Frage an den nächsten KT weiter: *Ich höre gern Musik. Und Sie?* Die Aufgabe wird in Form einer Kettenübung im Plenum fortgesetzt. Anschließend können KT noch in PA ihre Hobbys in der *du*-Form *(Was ist dein Hobby? Was machst du gern?)* erfragen.	Plenum PA
Tipp	**Erweiterung:** KT notieren in EA je 3–4 Hobbys auf Zetteln; dabei kann KL Hilfestellung geben oder KT können ein Wörterbuch benutzen. KL oder ein KT sammelt die genannten Hobbys in Infinitivform an der Tafel. Anhand dieser Verben befragen sich KT wie in Aufgabe 2 im Plenum nach ihren Hobbys.	EA Plenum

3

Lernziel Grammatik: zweiteilige Verben; Satzklammer

Ablauf	KT lesen die Sätze und ergänzen in EA die Lücken. Dann überprüfen sie ihre Ergebnisse im Plenum. KL übernimmt die Beispiele aus dem Buch und schreibt das Verb *Musik hören* an die Tafel bzw. auf OHP-Folie und notiert darunter den Satz: *Ich höre gern Musik.* Ebenso verfährt er mit dem anderen Beispielsatz. Mit Hilfe von Pfeilen verdeutlicht er die veränderte Position der Verbteile im Aussagesatz.	EA Plenum
	Zum Einüben der Satzklammer bilden KT in EA zu allen in Aufgabe 2 genannten Hobbys schriftlich einen Satz mit *gern*. KL sammelt die Sätze an der Tafel und verdeutlicht die Satzklammer durch Unterstreichung. Siehe unter Grammatik, S. 196 und 199.	EA
Tipp	*Ariadnes Faden* (siehe unter Spiele): Alle KT sitzen im Kreis. KL hat ein Wollknäuel in der Hand und beginnt, indem er zwei seiner Hobbys nennt: *Ich spiele gern Tennis, ich …* KL wirft das Wollknäuel einem KT zu (hält den Faden dabei aber fest) und fragt ihn nach dessen Hobbys. Dieses Spiel wird fortgesetzt, bis alle KT zwei ihrer Hobbys genannt haben. Danach wird das Wollknäuel wieder in umgekehrter Reihenfolge zurückgegeben. KT müssen sich nun erinnern, welche Hobbys ihr jeweiliger Vordermann genannt hat, und darüber berichten: *Peter reist gern, er …*	Plenum

4

Lernziel Mündlicher Ausdruck; Wortschatz: Adverbien (Häufigkeitsangaben)

Ablauf	KT betrachten das Schaubild und erarbeiten gemeinsam mit KL den Wortschatz. Dann lesen sie die Beispielsätze und markieren die Position der Adverbien *oft* und *selten* in der Satzmitte. An dieser Stelle lenkt KL die Aufmerksamkeit der KT noch einmal auf die Sätze in Aufgabe 3: *gern* steht in der Satzmitte. Dann befragen sich KT in PA/GA anhand der Verben aus Aufgabe 2, was sie *immer/oft/manchmal/selten/nie* machen. Anschließend tragen KT die genannten Aktivitäten ihres Partners im Plenum vor (z. B. *Peter geht nie ins Kino.*). Siehe unter Grammatik, S. 196 und 208.	Plenum PA/GA Plenum
Tipp	*Würfelspiel* (siehe unter Spiele): KL erstellt so viele Würfel, wie es Paare bzw. Gruppen im Kurs gibt, und beschriftet die Flächen mit den Adverbien (Häufigkeitsangaben) *immer, oft, selten* usw. KT würfeln in PA/GA und bilden mit dem gewürfelten Adverb einen Satz, z. B. *Ich gehe oft ins Kino.*	PA/GA

Übungsbuch: S. 118–120, Übung 1–6

Das Formular

S. 37 **1**

Lernziel   Ausfüllen eines Formulars; Wortschatz: Angaben zur Person

Ablauf   KL führt anhand des Bildes in die Situation ein. KT füllen in EA das   EA
Formular mit ihren persönlichen Angaben aus. Danach befragen sich KT
in PA/GA nach ihren Personalien. Abschließend stellen sich einzelne KT   PA/GA
mit Hilfe des Formulars mündlich vor.   Plenum

Übungsbuch: S. 120/121, Übung 1–2

Montag, 9 Uhr, Studio 21

S. 38 **1**

Lernziel   Detailliertes Leseverstehen; Wortschatz: Uhrzeit (offizielle Zeitangabe)

Ablauf   **a)** KT lesen zunächst in EA leise den Text. KL klärt, wo möglich mit   EA,
Hilfe der Bilder, neuen Wortschatz. Anschließend lesen KT den Text   Plenum
noch einmal und KL fragt: *Wo sind die Personen? Was machen sie? Wer
ist schon da? Wer ist noch nicht da? Wann fängt das Casting an?*

   b) KT markieren die Uhrzeiten im Text und lesen dann die Beispielsätze. Anhand des Kalenderblattes berichten KT zunächst in PA   PA
über die eingetragenen Termine: *Um 10 Uhr ist Frau Mainka dran.
Um 10 Uhr 30 ist ...* usw.

Daran kann sich eine Kettenübung im Plenum anschließen: *Wer ist um*   Plenum
*10 Uhr dran? – Um 10 Uhr ist Frau Mainka dran. Wer ist um 10 Uhr 30
dran?* usw.

Dann hält KL gemeinsam mit KT an der Tafel folgende Regeln für die
offizielle Zeitangabe fest:
- Die Uhrzeit wird mit *um ...* eingeleitet.
- Die Angabe der Stunde (dabei werden immer 24 Stunden zu Grun-
  de gelegt) + Uhr + Angabe der Minuten, z. B. 10 Uhr 30 (vor-
  mittags); 22 Uhr 30 (abends).

Um die Frage *Wann?* einzuführen, lenkt KL die Aufmerksamkeit der   Plenum
KT wieder auf das Kalenderblatt und fragt einen KT: *Wann ist Frau
Mainka dran?* KT gibt die entsprechende Antwort. KL schreibt nun
die beiden Sätze an die Tafel und markiert *wann* und *um*. Er weist
darauf hin, dass man mit *wann* die Uhrzeit erfragen kann und dass
diese Frage immer mit *um* beantwortet werden muss.

Tipp   In dieser Aufgabe wird die Antwort auf die Frage *Wann ...? – Um ...*
eingeführt. Die Frage *Wie viel Uhr ist es? – Es ist ...* wird in Übung 1, S. 38
im Übungsbuch behandelt. KL kann die Frage nach der Uhrzeit zur Vorentlastung von Aufgabe 1 b) wiederholen.

Alternative: Zum Üben der offiziellen Zeitangaben erstellt KL eine   Plenum
Uhr aus Pappe oder zeichnet eine Uhr an die Tafel bzw. auf OHP-Folie.
Ein KT stellt die Uhr (bzw. zeichnet eine Uhrzeit ein) und richtet dazu
eine Frage an einen anderen KT, z. B. *Wann machst du Hausaufgaben?*
Der nächste KT antwortet mit der vorgegebenen Zeitangabe, stellt die
Uhr neu und setzt die Übung mit einer Frage fort: *Wann gehst du ins
Kino?* usw.

Erweiterung: Zum Üben der offiziellen Zeitangaben stellt KL anschließend weitere Fragen, die mit *wann* eingeleitet werden: *Wann fängt der Deutschkurs an? Wann ist Pause? Wann gehen Sie nach Hause? Wann machen Sie Hausaufgaben?* usw.

Übungsbuch: S. 122, Übung 1–2

S. 38

2

Lernziel Grammatik: Satzklammer bei trennbaren Verben *(stattfinden)*, zweiteiligen Verben *(da sein)* und Modalverben *(möcht-)*

Ablauf KT lesen noch einmal in EA den Text, markieren die Verben *stattfinden, da sein, möchte wissen* und ergänzen die Lücken. KL lenkt zunächst die Aufmerksamkeit der KT auf das trennbare Verb *stattfinden* und fragt im Plenum: An welcher Position im Satz steht das Präfix *(statt)* und das dazugehörige Verb *(finden)*? KT unterstreichen die Satzpositionen im Text. Dann sehen sich KT und KL das zweiteilige Verb *(da sein)* an und KL fragt im Plenum nach der Satzposition von Teil 1 *(da)* und Teil 2 *(sein)* des Verbs. Anschließend markieren KT wieder die Satzteile im Text. Danach fragt KL nach der Position von dem Modalverb *(möcht-)* und dem Infinitiv *(wissen)*.
KL visualisiert die Satzklammer an der Tafel oder auf OHP-Folie mit Hilfe der vorgegebenen Beispielsätze. Die Grammatikseite am Ende der Lektion (S. 43 im Kursbuch) kann KL als Orientierung für die Darstellung der Satzklammer dienen. KT formulieren anhand des Tafelbildes folgende Regeln für Aussagesätze:
- Bei trennbaren Verben *(stattfinden)* steht das Verb *(finden)* immer auf Position 2 und das Präfix *(statt)* steht am Satzende.
- Bei zweiteiligen Verben *(da sein)* steht Teil 2 *(sein)* immer auf Position 2 und Teil 1 immer am Satzende.
- Bei Modalverben mit Infinitiv *(möcht- + wissen)* steht das Modalverb *(möcht-)* immer auf Position 2 und der Infinitiv *(wissen)* steht am Satzende.
- Alle drei Verbgruppen bilden eine Satzklammer.

Siehe unter Grammatik, S. 196 / 197 und 199.

EA

Plenum

Tipp KL bereitet große Karten vor, die jeweils mit einem der folgenden Wörter beschriftet wurden: *ICH, SPIELE, GERN, MIT* und verteilt sie an vier KT. Diese KT gehen nach vorne und KL stellt die Frage: *Spielen Sie gern mit?* Die vier KT formieren sich in der richtigen Reihenfolge zu einem Satz. Die Übung soll mit anderen Beispielsätzen fortgesetzt werden. KL macht anhand dieses Beispielsatzes die Besonderheit der Satzposition bei trennbaren Verben deutlich. In derselben Weise kann auch noch ein Satz mit dem Modalverb *möcht-* und mit einem zweiteiligen Verb (z. B. den Verben aus den Aufgaben 2 / 3 auf S. 36) geübt werden.

Plenum

S. 38

3

Lernziel Grammatik: Satzklammer bei trennbaren Verben und zweiteiligen Verben

Ablauf KT lesen die Verben im Schüttelkasten, wählen in EA/PA das jeweils passende Verb aus und setzen es in die Lücke ein. Bei der Besprechung der Ergebnisse im Plenum macht KL noch einmal auf die Satzklammer der trennbaren Verben und zweiteiligen Verben aufmerksam. Anschließend wird der Dialog in PA gelesen.

EA/PA

Plenum

PA

Tipp   Zum Einüben der Satzklammer bereitet KL möglichst viele verschiedene Karten mit Satzteilen vor. Die beiden Teile der trennbaren Verben, zweiteiligen Verben und Modalverben sollen dabei auf zwei Karten geschrieben werden, die entweder eine andere Farbe (z. B. rot) oder eine andere Form (z. B. oval) als die übrigen Karten haben. KT legen in PA Sätze mit den Karten. KL geht von Gruppe zu Gruppe, um die Satzposition zu korrigieren. Anschließend präsentiert KL oder ein KT die Sätze an der Tafel bzw. auf OHP-Folie. Die Position der trennbaren Verben, zweiteiligen Verben und Modalverben soll dabei analog zu den Karten, entweder durch die entsprechende Farbe oder durch die entsprechende Form, visualisiert werden.

PA

Plenum

Übungsbuch: S. 122–125, Übung 1–9

S. 39   **4**

Lernziel   Detailliertes Hörverstehen; Grammatik: Possessivartikel *ihr*

Ablauf   **a)** Vorentlastung: KT sehen das Bild an. KL fragt: *Was glauben Sie, was ist Herr Mainka von Beruf? Was machen die Kinder?* KT antworten mit Hilfe des Bildes.   Plenum
     b) KL spielt den Text mehrmals ganz vor. KT kreuzen in EA/PA die richtigen Antworten an. KT hören den Text noch einmal und überprüfen ihre Lösungen.   EA/PA

S. 39   **5**

Lernziel   Detailliertes Hörverstehen; Grammatik: Possessivartikel *sein*

Ablauf   **a)** Vorentlastung: KT sehen das Bild an. KL fragt: *Wie alt ist Sebastian? Was ist sein Hobby?* KT antworten mit Hilfe des Bildes.   Plenum
     b) KL spielt den Hörtext mehrmals ganz vor. KT markieren in EA/PA, welche Sätze richtig bzw. falsch sind. KT vergleichen ihre Lösungen im Plenum.   EA/PA

Plenum

S. 39   **6**

Lernziel   Grammatik: Possessivartikel *ihr, sein*

Ablauf   Vorentlastung: KT unterstreichen in EA die Possessivartikel *ihr* und *sein* in den Texten der Aufgaben 4 und 5.   EA
     KT ergänzen dann die Lücken. KL schreibt die Beispielsätze an die Tafel bzw. auf OHP-Folie und markiert ebenfalls die Possessivartikel *ihr, ihre* und *sein, seine*. KT und KL fassen folgende Ergebnisse zusammen: Plenum
     • Irene Mainka: *sie – ihr, ihre*
     • Sebastian Hahn: *er – sein, seine*
     KL gibt eine Merkhilfe, indem er KT darauf aufmerksam macht, dass *Irene, ihr, ihre* und *Sebastian, sein, seine* jeweils dieselben Anfangsbuchstaben haben.
     Siehe unter Grammatik, S. 204.

Tipp   **Erweiterung:** Um sicher zu stellen, dass KT den Zusammenhang zwischen Genus und Numerus des Nomens und der Endung des Possessivartikels verstanden haben, erstellen sie analog zu Aufgabe 8, S. 35 in EA/PA eine Tabelle.   EA/PA
     Siehe unter Grammatik, S. 204.

7

Lernziel   Schriftlicher Ausdruck

Ablauf	Vorentlastung: KL schreibt Stichpunkte an die Tafel oder auf eine OHP-Folie, an denen sich KT beim Lösen der Aufgabe orientieren können:

  • *Familie Mainka: Irene Mainka, ihr Mann, ihre Kinder, ihre Mutter, ihr Hobby*
  • *Familie Hahn: Sebastian Hahn, seine Großmutter, seine Eltern, sein Vater, sein Hobby*

KL fragt: *Was wissen Sie?* KT schreiben zunächst in EA bei geschlossenen Büchern die Informationen über die beiden Familien in ganzen Sätzen auf. Dann tauschen sie die Notizen mit ihrem Partner aus und vergleichen sie miteinander. Anschließend vergleichen und ergänzen sie ihre Ergebnisse im Plenum mit Hilfe der Texte von Aufgabe 4 und 5.   EA   PA   Plenum

> Übungsbuch: S. 125/126, Übung 1–3

Ein Brief aus Tübingen

1

Lernziel   Detailliertes Leseverstehen; Wortschatz: Familienmitglieder

Ablauf   KT lesen in EA den Brief. Nach der Klärung von neuem Wortschatz stellt KL Fragen zum Text: *Familie Troll – wer ist das? Was machen sie gern? Was schreibt Torsten? Was möchte er?*   EA, Plenum

Tipp   **Erweiterung:** KL kann die besonderen Merkmale der Textsorte Brief aufzeigen. KT markieren dann in EA/PA alle typischen Merkmale eines Briefes: Anrede *(Liebe Frau …)*, Ort, Datum, Abschiedsformeln *(Mit freundlichen Grüßen)*, PS.   EA/PA

2

Lernziel   Wortschatz: Familienmitglieder; Grammatik: *von* als Variante des Genitivs

Ablauf   **a)** KT betrachten das Bild, lesen noch einmal den Brief und unterstreichen die Namen. Anschließend schreiben sie in EA/PA die Namen der Familienmitglieder in die Sprechblasen.   EA/PA

b) KT schreiben in EA/PA weitere Sätze nach dem vorgegebenen Muster über die Verwandtschaftsbeziehungen in der Familie Troll.   EA/PA

Tipp   **Erweiterung:** KT befragen sich in Form einer Kettenübung zu den einzelnen Personen: *Wer ist Thomas? – Thomas ist der Sohn von Therese und Theodor. Und wer ist …?* Die Befragung kann auch umgekehrt stattfinden: *Wie heißt die Schwester von Thomas? – Tanja. Und wie heißt …?* Anschließend können die Fragen auf KT bezogen werden: *Und wie heißt deine Schwester? – Nina. Und wie heißt deine Mutter?* usw.   Plenum

S. 41 **3**

Lernziel	Wortschatz: Familienmitglieder	
Ablauf	Zunächst lesen KT den Brief noch einmal und suchen in EA/PA zusammenpassende Begriffspaare nach dem vorgegebenen Beispiel: *die Eltern und die Kinder; der Bruder und die Schwester* usw. Anschließend suchen KT die Familienmitglieder heraus, die zu einem Oberbegriff gehören, z. B. *die Eltern: Vater und Mutter; die Geschwister: Schwester und Bruder* usw. Nach der Besprechung im Plenum entwerfen KL und KT anhand der Ergebnisse eine Skizze an der Tafel oder auf OHP-Folie, aus der die Bezeichnungen der Familienmitglieder und deren Beziehung zueinander hervorgehen.	EA/PA Plenum
Tipp	**Transfer:** KT zeichnen in EA eine Skizze ihrer eigenen Familie und stellen diese anschließend im Plenum vor. KL bereitet Kärtchen mit Familienmitgliedern vor. KT legen in PA die Kärtchen zu Paaren zusammen. Anschließend spielen KT *Memory* oder *Domino* (siehe unter Spiele).	EA Plenum PA Plenum

Übungsbuch: S. 126/127, Übung 1–2

S. 41 **4**

Lernziel	Grammatik: Possessivartikel *unser, euer, ihr*	
Ablauf	KT lesen in PA/GA die Liedstrophen und ergänzen die fehlenden Possessivartikel. Dabei können KT auf Aufgabe 8, S. 35 und auf Aufgabe 6, S. 39 zurückgreifen. KT besprechen ihre Lösungen im Plenum.	PA/GA Plenum
Tipp	**Erweiterung:** KT bilden Dreiergruppen. Zwei KT bekommen je ca. 10 unterschiedliche Karten mit Bezeichnungen oder Bildern von bereits bekannten Gegenständen, z. B. *Kugelschreiber, Heft.* Der dritte KT bekommt eine Liste mit allen Gegenständen. Dieser befragt dann je einen der beiden anderen KT: *Ist das dein Kugelschreiber? – Ja, das ist mein ...* (wenn er die Karte *Kugelschreiber* besitzt) – *Nein, das ist sein/ihr ...* (wenn er die Karte nicht besitzt).	GA

S. 41 **5**

Lernziel	Grammatik: Possessivartikel *unser, euer, ihr*	
Ablauf	KT lesen noch einmal den Liedtext und markieren in EA/PA alle Possessivartikel im Text. Anschließend ergänzen sie die fehlenden Possessivartikel in der Tabelle und präsentieren ihre Ergebnisse im Plenum. KT markieren dann in EA die Endungen der Possessivartikel (*unser, euer, ihr*) und halten gemeinsam mit KL an der Tafel bzw. auf OHP-Folie fest: • *wir – unser, unsere* • *ihr – euer, eure* • *sie – ihr, ihre*	EA/PA Plenum EA

KL weist besonders auf die Form *eure* hin und wiederholt abschließend mit KT folgende Regeln:
- Die Possessivartikel haben dieselben Endungen wie der unbestimmte Artikel.
- Bei Nomen im Maskulinum *(der Name)* und Neutrum *(das Foto)* haben Possessivartikel keine Endung *(unser Name, unser Foto)*.
- Bei Nomen im Femininum *(die Familie)* und Plural *(die Kinder)* haben Possessivartikel die Endung -e *(unsere Familie, unsere Kinder)*.

Siehe unter Grammatik, S. 204.

Tipp	**Erweiterung:** Zum Üben der Possessivartikel bringt KL pro Paar bzw. Gruppe einen mit Personalpronomen beschrifteten Würfel und ein mit Nomen beschriftetes Kartenset mit. Anhand der Würfel und Karten kombinieren KT in PA/GA Nomen und Possessivartikel und bilden ganze Sätze, z. B. *wir, der Fotoapparat: Das ist unser Fotoapparat.*

PA/GA

S. 41   **6**

Lernziel	Mündlicher Ausdruck; Wortschatz: Familienmitglieder; Grammatik: Possessivartikel	
Ablauf	**a)** KT ergänzen zunächst in EA/PA den Lückentext.	EA/PA
	b) Nach dem Vergleich im Plenum berichten KT in PA/GA in schriftlicher Form aus der Perspektive von Herrn und Frau Troll über deren Familie. Anschließend präsentiert jede Gruppe ihre Ergebnisse im Plenum.	Plenum, PA/GA Plenum
	c) KT bringen Familienfotos mit und notieren in EA stichwortartig Informationen über ihre eigene Familie *(Ich habe zwei Kinder. Meine Kinder heißen …)*. Anschließend erzählen KT zunächst in PA, dann im Plenum über ihre Familie. Beim Bericht im Plenum können KT ihre Notizen auch austauschen und dann jeweils über die Familie ihres Partners berichten.	EA PA, Plenum
Tipp	**Erweiterung:** Diese Aufgabe kann durch einen Bericht aus der Perspektive von weiteren Familienmitgliedern (Torsten oder Thomas) ergänzt werden. **Alternative:** KT schreiben als HA einen Text über Familie Mainka bzw. über die eigene Familie.	EA/GA

Übungsbuch: S. 127/128, Übung 1–3

Im Deutschkurs

S. 42 **1**

Lernziel	Aussprache: Wortakzent	
Ablauf	KL liest das Beispiel, das er an der Tafel bzw. auf OHP-Folie notiert hat, mit besonderer Betonung des Wortakzents vor und zeigt auf die Markierung. KL spielt die einzelnen Wortpaare mit Pausen vor. Nach dem zweiten Hören markieren KT in EA/PA die Wortakzente. Beim Vergleich im Plenum weist KL darauf hin, dass bei trennbaren Verben der Wortakzent immer auf der ersten Silbe liegt. Dann sprechen KT alle Wörter nochmals nach, evtl. im Chor, um den Akzent besonders deutlich hörbar zu machen.	Plenum

EA/PA
Plenum |

S. 42 **2**

Lernziel	Mündlicher Ausdruck; Grammatik: trennbare Verben, das Modalverb *möcht-* + Infinitiv	
Ablauf	1. KL beginnt mit der Frage: *Spielen Sie mit?* Ein KT antwortet: *Ja, ich spiele mit.* Die Aufgabe kann in Form einer Kettenübung in PA und später noch einmal im Plenum gemacht werden.	PA,
Plenum
	2. KT setzen die Kettenübung fort und verwenden nun das Modalverb *möcht- (Möchten Sie mitspielen? – Ja, ich spiele mit.).* KL sammelt die Frage- und Antwortsätze an der Tafel und hebt die Position der Verben bzw. Verbteile im Satz optisch hervor.	
Tipp	**Erweiterung:** KT machen die Kettenübung noch einmal, indem sie die Fragen in der *du*-Form stellen: *Spielst du mit? / Möchtest du mitspielen?* Ein KT antwortet: *Ja, ich spiele mit.* Anschließend formulieren KT weitere Fragen, z.B. mit den Verben *vorlesen, nachsprechen, buchstabieren.*	Plenum

S. 42 **3**

Lernziel	Mündliche Interaktion; Wortschatz: Wochentage und Uhrzeit	
Ablauf	a) KT betrachten in EA den Kalender von Igor Schapiro. KL klärt Fragen zum neuen Wortschatz (Wochentage). Anschließend befragen sich KT in PA nach den Terminen von Igor Schapiro: *Was ist am …? – Am Mittwoch …* Danach präsentieren sie ihre Lösungen im Plenum.	EA

PA
Plenum |
| | b) Zuerst befragen sich KT in PA nach dem genauen Zeitpunkt der Termine: *Um wie viel Uhr …? – Um 9 Uhr …* Einzelne Gruppen tragen ihre Ergebnisse im Plenum vor. | PA

Plenum |
| | c) Danach befragen sich KT im Plenum nach ihren eigenen Terminen. Dabei kann KL Hilfestellung geben. KT erzählen abschließend, was ihr Partner wann macht. | Plenum |
| **Tipp** | **Erweiterung:** KL verteilt pro Paar zwei kopierte Kalenderseiten mit unterschiedlichen Termineintragungen. Ziel dieses Wechselspiels ist, dass die beiden Partner einen Termin für gemeinsame Aktivitäten finden, ohne den Terminkalender des anderen zu kennen. KT erfragen die Termine des Partners: *Haben Sie / Hast du am Montag um 14.00 Uhr Zeit? – Nein, da ist Deutschkurs. / Ja, da habe ich Zeit.* | |

Übungsbuch: S. 129, Übung 1–3

Der Münsterplatz in Freiburg

S. 44 **1**

Lernziel	Grammatik: *wer* vs. *was*	
Ablauf	Vorentlastung: Die Stadt Freiburg (im Breisgau) wird gemeinsam von KT auf der Deutschlandkarte ausfindig gemacht. Danach betrachten KT die im Buch abgebildeten Szenen auf dem Freiburger Münsterplatz. KL fragt z. B. *Was sehen Sie?*	Plenum
	KT lesen die Wörter und klären gemeinsam mit KL den neuen Wortschatz. Anhand der Fragen *Wer ist da?* bzw. *Was ist da?*, die KL zu den Bildern auf der Doppelseite stellt, macht er den Unterschied zwischen der Frage nach Personen *(wer)* und der Frage nach Sachen *(was)* deutlich.	
	Dann ordnen KT in EA/PA die Nomen in die Tabelle unter *wer* (Personen) bzw. *was* (keine Personen, Sachen) ein. Bei der Besprechung im Plenum halten KT und KL gemeinsam an der Tafel bzw. auf OHP-Folie fest:	EA/PA Plenum
	• **Wer** *ist da? – Da ist* **die Marktfrau.** (*Wer* = Person) • **Was** *ist da? – Da ist* **das Münster.** (*Was* = keine Person, Sache) Siehe unter Grammatik, S. 206.	
Tipp	KT sammeln an der Tafel weitere Nomen, die bereits bekannt sind. Anschließend ordnen sie diese in PA wie in Aufgabe 1 unter *Wer* bzw. *Was* ein.	Plenum PA
	Landeskunde: Das Freiburger Münster ist eine gotische Kathedrale. Auf dem Münsterplatz findet täglich außer sonntags ein großer Markt statt. Traditionell ist in Deutschland immer mittwochs und samstags Markt.	

S. 45 **2**

Lernziel	Mündlicher Ausdruck	
Ablauf	a) KT betrachten noch einmal die Marktszenen, lesen die Sätze und kombinieren dann in PA die Satzteile zu ganzen Sätzen. Beim Vergleich der Lösungen im Plenum lesen KT die Sätze vor.	PA Plenum
	b) KT beschreiben noch einmal in PA die Szenen auf dem Marktplatz, indem sie die Sätze aus Aufgabe a) verwenden, ohne sie abzulesen.	PA
Tipp	**Alternative:** KT kombinieren die Satzteile zunächst in EA, lesen sich die Ergebnisse dann in PA gegenseitig vor und finden bei Unterschieden gemeinsam eine Lösung. Erst dann werden die Sätze im Plenum vorgetragen und verglichen.	EA PA Plenum

Übungsbuch: S. 130, Übung 1–2

Foto-Objekte

S. 46 **1**

Lernziel Globales und detailliertes Leseverstehen

Ablauf Vorentlastung: KT betrachten die Fotos und lesen die Überschrift. KL lenkt das Verständnis durch Fragen wie: *Was sehen Sie? Sind die Fotos gut oder schlecht? Fotografiert Timo gut? Wie alt ist Timo vielleicht?* Anschließend lesen KT leise in EA den Text in Aufgabe **a)** und kreuzen in Aufgabe **b)** ihre Antwort an. Bei der Besprechung im Plenum nennen KT die Textstellen, die ihnen bei der Lösung der Aufgabe geholfen haben. Dann liest KL den Text einmal komplett vor und sichert dabei das Textverständnis.   *Plenum* / *EA* / *Plenum*

Tipp **Erweiterung:** KT schreiben mit Hilfe des Lesetextes in PA/GA Sätze zu den drei Fotos. KL verweist auch auf die Szene mit Familie Daume auf S. 45.   *PA/GA*

Alternative: Der Text kann auch als Leseübung genutzt werden: KL liest den gesamten Text einmal laut vor. Anschließend liest jeder KT ein bis zwei Sätze. Neue Wörter und schwierige Passagen werden im Chor und einzeln geübt.   *Plenum*

S. 46 **2**

Lernziel Wortschatz: Verben mit Akkusativ-Objekt

Ablauf Vorentlastung: KT lesen noch einmal den Text in Aufgabe 1 und unterstreichen in EA/PA die Textstellen, die Auskunft darüber geben, was die einzelnen Personen machen.   *EA/PA*

Anschließend kombinieren KT mit Hilfe ihrer Unterstreichungen in EA/PA schriftlich die Verben und Objekte im Schüttelkasten. Ein KT sammelt die Ergebnisse an der Tafel oder auf einer OHP-Folie.   *EA/PA* / *Plenum*

S. 47 **3**

Lernziel Grammatik: Subjekt und Objekt

Ablauf KT lesen zunächst den vorgegebenen Beispielsatz. Dann ergänzen sie mit Hilfe des Textes in Aufgabe 1 in EA/PA die Sätze. KL oder ein KT schreibt die vollständigen Sätze an die Tafel; dabei sollen Subjekt, Verb und Objekt immer untereinander stehen. KT markieren Subjekt und Objekt mit verschiedenen Farben. KL kann die Metapher *fotografieren* benutzen, um den Unterschied zwischen Subjekt und Objekt zu klären: Das Subjekt fotografiert, ist der Fotograf; das Objekt fotografiert nicht, es ist vor dem Fotograf.   *EA/PA*

Anhand eines Tafelbildes (Objekt und Verb sollen jeweils untereinander stehen) macht KL auf die besonderen Formen *einen* und *den* aufmerksam:

- *Frau Daume   braucht   einen Stadtplan.*
- *Sie   kauft   den Stadtplan.*

4

Lernziel Grammatik: Akkusativ beim bestimmten und unbestimmten Artikel

Ablauf	KT lesen noch einmal den Text und ergänzen in EA die fehlenden Artikel im Akkusativ. Bei der Besprechung der Tabelle macht KL darauf aufmerksam, dass das Subjekt des Satzes immer im Nominativ steht; das Objekt der hier angegebenen Sätze im Akkusativ. KL entwickelt ein Tafelbild mit den unbestimmten und bestimmten Artikeln im Nominativ und im Akkusativ, das KT in ihr Heft übertragen. KT weist darauf hin, dass nur der maskuline Artikel im Akkusativ vom Nominativ abweicht; alle anderen Artikel sind im Nominativ und Akkusativ gleich:	EA Plenum

Nominativ   Akkusativ
- *ein / der*   →   *einen / den*   = 3. Person Singular, maskulin
- *eine / die*   →   *eine / die*   = 3. Person Singular, feminin
- *ein / das*   →   *ein / das*   = 3. Person Singular, neutrum
- *– / die*   →   *– / die*   = 3. Person Plural

Siehe unter Grammatik, S. 203.

Tipp	**Erweiterung:** KL bereitet noch weitere Akkusativ-Objekte auf Kärtchen vor und KT sortieren in PA/GA, welche man *essen, trinken, kaufen, fotografieren* und *beobachten* kann. Damit bilden sie Sätze in schriftlicher Form. KT tragen die Sätze dann im Plenum vor. Wenn KL die Sätze an der Tafel mitnotiert, können anschließend Subjekt und Objekt markiert werden.	PA/GA Plenum

5

Lernziel Mündlicher Ausdruck

Ablauf	Vorentlastung: KL verweist noch einmal auf die Fotos vom Freiburger Münsterplatz und fragt im Plenum: *Was gibt es in Freiburg?* KT benennen, was es in Freiburg alles gibt.	Plenum
	a) KT bilden mit den Angaben aus dem Schüttelkasten Sätze: *Es gibt …* + *Akkusativ*. Diese Aufgabe kann von KT in PA schriftlich vorbereitet werden.	Plenum PA
	b) KT befragen sich gegenseitig entweder in PA oder in einer Kettenübung im Plenum: *Was machen Sie / machst du in Freiburg? – Ich fotografiere das Münster. Und was machen Sie / machst du in Freiburg? – Ich …*	PA/ Plenum
Tipp	**Alternative:** KL bereitet Würfel vor, deren Seitenflächen mit sechs Verben *(essen, trinken, kaufen, beobachten, fotografieren, lesen)* beschriftet sind. KL benötigt so viele Würfel, wie es Paare bzw. Gruppen im Kurs gibt. KT bilden, nachdem sie ein Verb gewürfelt haben, Sätze mit einem passenden Objekt. Die Sätze können zusätzlich auch noch notiert und anschließend im Plenum vorgetragen werden. Zum Wiederholen von Verben kann KL in regelmäßigen Abständen immer wieder ein Würfelspiel (siehe unter Spiele) im Unterricht einsetzen.	PA/GA

Übungsbuch: S. 131–134, Übung 1–10

6

Lernziel   Aussprache: Satzakzent, Intonation von Aussage- und Fragesätzen

Ablauf	Vorentlastung: KL führt mit Hilfe der Zeichnungen in die Situation ein und fragt z. B. *Wer ist da? Was macht der Mann?* Anschließend wiederholt er anhand von Fragen, was KT über Timo und seine Familie wissen: *Wie heißt der Junge? Wie alt ist er? Woher kommt er? Was macht die Familie in Freiburg?*	Plenum
	a) KT hören den Dialog zunächst einmal und nach einer kurzen Pause noch einmal. KT sichert das Textverständnis mittels folgender Fragen: *Was möchte Timo? Was macht seine Mutter? Was macht sein Vater?* usw.	Plenum
	b) KT hören das Gespräch ein weiteres Mal und achten beim Mitlesen auf den Satzakzent. KL hören den Dialog abschnittsweise noch einmal und sprechen zunächst im Chor, dann einzeln Satz für Satz nach. Anschließend üben KT den Dialog in PA. KL geht von Gruppe zu Gruppe und achtet auf die korrekte Intonation. KL macht deutlich, dass der Satzakzent auf dem zu betonenden Teil des Satzes liegt.	Plenum / PA
Tipp	**Erweiterung:** KL schreibt die Verben *kaufen, essen* und *fotografieren* an die Tafel oder auf eine OHP-Folie. KT achten beim Hören darauf, welche Objekte diesen Verben folgen und schreiben diese auf.	Plenum

7

Lernziel   Grammatik: *wen* vs. *was*

Ablauf	KT lesen zunächst die Beispiele und versuchen mit Hilfe des KL, den Unterschied zwischen den beiden Objekten (*Stadtplan – Marktfrau*) zu finden. Nach der Differenzierung zwischen Objekten, bei denen es sich um Personen handelt und Objekten, bei denen es sich um Sachen handelt, macht KL auf die zwei unterschiedlichen Fragepronomen im Akkusativ aufmerksam: • *wen* = Frage nach dem Akkusativ-Objekt, wenn es sich um Personen handelt. • *was* = Frage nach dem Akkusativ-Objekt, wenn es sich nicht um Personen, sondern um Sachen handelt. Siehe unter Grammatik, S. 206.	Plenum

8

Lernziel   Grammatik: *wen* vs. *was*

Ablauf	KT ergänzen in EA die Tabelle. KL macht darauf aufmerksam, dass die Fragepronomen *wen* und *was* sowohl nach Objekten im Singular, als auch im Plural fragen. Bei der Besprechung im Plenum kann KL die Fragewörter *wer* und *was*, die nach dem Subjekt des Satzes fragen, wiederholen.	EA / Plenum

9

Lernziel Grammatik: *wen* vs. *was*

Ablauf KL liest den Beispielsatz laut vor. Dabei spricht er absichtlich undeutlich bei dem Wort *Souvenirs*. KT tragen zunächst in EA/PA die passenden Fragepronomen in die Lücken ein. Beim Vergleich im Plenum wiederholt KL anhand der vorgegebenen Sätze noch einmal den Unterschied zwischen *wen* und *was*. KT markieren die Akkusativ-Objekte mit zwei Farben und ordnen sie in EA/PA nach Personen unter dem Stichwort *Wen?* und Sachen unter dem Stichwort *Was?* KT vergleichen ihre Ergebnisse im Plenum. | EA/PA Plenum
|
EA/PA
|
Plenum

Tipp **Erweiterung:** KT bilden in PA Frage- und Antwortsätze wie in Aufgabe 9 in schriftlicher Form und tragen diese anschließend im Plenum vor. Alternativ können sie auch nur Aussagesätze bilden und sich anschließend gegenseitig in PA oder im Plenum befragen. | PA Plenum
|
PA/ Plenum

Übungsbuch: S. 134/135, Übung 1–5

Eine Freiburgerin

1

Lernziel Detailliertes Hörverstehen

Ablauf Vorentlastung: KL verweist auf S. 44, wo Katrin Berger bei der Arbeit als Kellnerin zu sehen ist. KT beschreiben dann mit Hilfe von Fragen das Zimmer der Studentin: *Was gibt es da? Was gibt es nicht?* | Plenum

KT hören den Text zunächst einmal, danach lesen sie die Sätze 1–6. KL macht KT darauf aufmerksam, dass sie beim zweiten Hören besonders auf die Schlüsselwörter aus den Fragen 1–6 hören sollen. Nach dem zweiten Hören markieren KT in EA/PA, welche Aussagen richtig und welche falsch sind. Danach hören sie den Text ein weiteres Mal, um ihre Lösungen zu überprüfen. Nach dem Vergleich im Plenum erzählen einzelne KT, was sie über Katrin Berger wissen. | Plenum
|
EA/PA
|
Plenum

2

Lernziel Grammatik: der negative Artikel *kein* im Akkusativ

Ablauf KT markieren die verschiedenen Formen des negativen Artikels *kein* in Aufgabe 1. Dann ergänzen sie in EA die Tabelle mit den Akkusativformen von *kein*. Bei der Besprechung im Plenum macht KL auf folgende Regeln aufmerksam: | EA Plenum

• Im Singular hat der negative Artikel *kein* dieselben Akkusativendungen wie der unbestimmte Artikel *ein*.
• Im Plural gibt es nur eine Akkusativform: *keine*.
Siehe unter Grammatik, S. 203/204.

Tipp **Erweiterung:** Zur Einübung der Akkusativformen von *ein* bzw. *kein* bringt KL mehrere Sets von jeweils zwei ähnlichen Bildern von Zimmern mit (z. B. aus einem Möbelkatalog). KT vergleichen dann die Bilder in PA: *Hier gibt es einen Fernseher. – Hier gibt es auch einen Fernseher. / Hier gibt es Bücher – Aber hier gibt es keine Bücher.* | PA

S. 49 **3**

Lernziel	Mündliche Interaktion; Grammatik: *ein* und *kein* im Akkusativ	
Ablauf	KT befragen sich gegenseitig in der *du-* und *Sie-*Form im Plenum mit den Verben *haben, brauchen, möcht- haben* und den Wörtern aus dem Schüttelkasten.	Plenum
Tipp	**Alternative:** KT stellen sich in PA mit den Wörtern aus dem Schüttelkasten Fragen und machen sich dabei Notizen. Anschließend präsentieren sie ihre Ergebnisse im Plenum, indem sie ihren Partner vorstellen, z. B. *Peter hat ein Telefon und einen Computer. Aber er braucht kein Auto.*	PA Plenum
	Erweiterung: KL bereitet zusätzlich Bilder mit weiteren Gegenständen vor (z. B. aus Katalogen, Zeitschriften, Anzeigen), mit denen sich KT gegenseitig befragen.	PA
	Diese Aufgabe kann auch durch das Spiel *Ariadnes Faden* (siehe unter Spiele) erweitert werden.	Plenum

> Übungsbuch: S. 136/137, Übung 1–5

Das Münster-Café

S. 50 **1**

Lernziel	Wortschatz: Speisen und Getränke	
Ablauf	KT betrachten die Bilder und ordnen in EA/PA die Bilder den entsprechenden Wörtern zu, indem sie, wie im Beispiel vorgegeben, die richtigen Zahlen in die Kästchen eintragen.	EA/PA
Tipp	**Erweiterung:** Zur Erweiterung des Wortschatzes bringt KL Bilder von Lebensmitteln (z. B. aus Zeitschriften oder Werbeprospekten) oder Lebensmittel mit und lässt diese von KT in PA/GA benennen. Bei dieser Übung können KT ein Wörterbuch verwenden. Bei der Besprechung im Plenum ist es wichtig, dass die neuen Vokabeln immer mit dem entsprechenden Artikel gelernt werden.	PA/GA Plenum
	Zur Vertiefung des neuen Vokabulars bietet sich das Spiel *Memory* (siehe unter Spiele) an.	Plenum

S. 50 **2**

Lernziel	Selektives Hörverstehen; Wortschatz: Im Café, Speisen und Getränke	
Ablauf	KL führt kurz in die Situation ein, indem er Herrn und Frau Egli auf S. 44 vorstellt. Dann erklärt er die Aufgabenstellung: *Wer spricht? Bitte hören Sie und schreiben Sie die Namen.* Nach mehrmaligem Hören tragen KT in EA die Namen der Sprecher in die Lücken ein. Dann hören KT das Gespräch noch einmal, um ihre Lösungen zu überprüfen. Bei der Besprechung im Plenum klärt KL neuen Wortschatz und stellt Fragen zum Text: *Wo sind Herr und Frau Egli? Was machen Herr und Frau Egli? Was möchten sie essen und trinken?*	Plenum EA Plenum
	KT lesen den Dialog mit verteilten Rollen in PA und anschließend im Plenum.	PA, Plenum

Tipp	**Alternative:** KL schreibt die einzelnen Sätze des Dialogs auf Zettel oder KL kopiert den Text und zerschneidet ihn in einzelne Sätze und verteilt an jede Gruppe je ein Set. KT hören anschließend den Dialog bei geschlossenen Büchern mehrmals und bringen die Sätze auf den Zetteln in die korrekte Reihenfolge. Erst beim nächsten Hördurchgang ordnen KT den Sätzen die jeweiligen Sprecher zu.	GA

S. 50 | **3**

Lernziel	Wortschatz: Im Café	
Ablauf	KT lesen noch einmal das Gespräch, unterstreichen in EA/PA die Redemittel, die zum Bestellen verwendet werden und schreiben sie anschließend heraus. Beim Vergleich im Plenum weist KL darauf hin, dass allen Verben, die hier zum Bestellen verwendet werden, ein Akkusativ-Objekt folgt.	EA/PA Plenum
Tipp	**Erweiterung:** Jeder KT bekommt einen Zettel oder ein Bildkärtchen mit den Dingen, die er bestellen möchte. Ein KT nimmt die Rolle des Kellners ein, geht von KT zu KT und nimmt die Bestellung auf: *Sie möchten bestellen? / Was nehmen Sie? / Was möchten Sie essen/trinken/bestellen?* KT antworten mit den Angaben auf ihren Kärtchen. KL kann mit stärkeren Lernergruppen ein Rollenspiel zum Thema „im Café eine Bestellung aufgeben" durchführen (siehe unter Spiele).	Plenum

S. 51 | **4**

Lernziel	Grammatik: Vokalwechsel bei Verben	
Ablauf	KT lesen noch einmal den Dialog und ergänzen in EA die Tabelle mit den entsprechenden Verbformen von *nehmen* und *essen*. Anschließend unterstreichen sie die unregelmäßigen Formen. Mit Hilfe des KL erarbeiten sie die Regel, dass ein Vokalwechsel nur in der 2. und 3. Person Singular stattfindet. KL weist darauf hin, dass nur manche Verben mit einem *e* (z. B. *sehen, lesen, sprechen*) oder einem *a* (z. B. *fahren, schlafen*) im Verbstamm vom Vokalwechsel betroffen sind. Das *e* wird beim Vokalwechsel zum *i (lesen: du liest; er/sie/es liest)*; das *a* zum *ä (fahren: du fährst; er/sie/es fährt)*. Siehe unter Grammatik, S. 198/199.	EA Plenum
Tipp	**Erweiterung:** KT erweitern mit Hilfe des KL die Tabelle an der Tafel mit den Verben *fahren, schlafen, lesen, sprechen* und *sehen* und markieren den Vokalwechsel. Die Verben *fahren, schlafen, sprechen* sind aus Lektion 1 bekannt, während die Verben *lesen* und *sehen* in dieser Lektion neu eingeführt werden. Um genau deutlich zu machen, wo ein Vokalwechsel stattfindet, sollte KL zusätzlich ein Tafelbild oder eine Skizze auf OHP-Folie entwickeln und dabei den Vokalwechsel optisch hervorheben. Dabei kann sich KL an der entsprechenden Darstellung auf der Grammatikseite (S. 55 im Kursbuch) orientieren.	Plenum Plenum

Übungsbuch: S. 137–139, Übung 1–9

S. 51 **5**

Lernziel	Detailliertes Hörverstehen; Wortschatz: Preisangaben	

Ablauf
a) KT lesen zunächst die Anweisung und die Lösungsvorschläge und hören dann die Preisangaben mehrmals. Danach kreuzen sie in EA/PA die richtige Form der Preisangabe an. Bei der Besprechung im Plenum erklärt KL die Regel für die Angabe bzw. Aussprache von Preisen. — EA/PA

b) KL führt in die Situation ein. KT lesen den Dialog leise in EA. Anschließend spielt KL den Dialog mehrmals vor. KT sortieren in EA/PA die Sätze. Danach hören sie den Dialog noch einmal, um ihre Ergebnisse zu überprüfen. Nach der Besprechung im Plenum lesen KT den Dialog mit verteilten Rollen zunächst in PA und anschließend im Plenum. — EA / EA/PA / Plenum / PA, Plenum

Tipp
Erweiterung: Zum Einüben der Preisangaben kopiert KL, wenn möglich mit Preisangaben in Euro, eine Speisekarte oder eine Preisliste mit Lebensmitteln, z. B. aus dem Werbeprospekt eines Supermarkts. KT lesen sich gegenseitig in PA/GA oder im Plenum die Preise vor. — PA/GA, Plenum
An dieser Stelle kann KL auf das Thema *Bezahlen in Cafés und Restaurants* eingehen:
- *Zusammen oder getrennt?* Herr Egli *zahlt zusammen.* Wann zahlt man in den Herkunftsländern der KT zusammen und wann getrennt? Wie ist das in Deutschland/Österreich/der Schweiz?

S. 51 **6**

Lernziel	Mündliche Interaktion: Im Café	

Ablauf
KT lesen die Speisekarte und spielen zunächst in GA, dann im Plenum Dialoge im Restaurant. — GA, Plenum

Tipp
Erweiterung: Die Dialoge im Restaurant lassen sich zu einem Rollenspiel ausbauen. KL kopiert pro KT eine Speisekarte (z. B. die Speisekarten auf S. 51) und verteilt sie. Ein oder zwei KT nehmen die Rolle des Kellners ein, die anderen KT sitzen in Gruppen an mehreren Tischen und bestellen Speisen und Getränke aus der Speisekarte. KL spielt den Koch, der alle Bestellungen entgegennimmt. Die Kellner nehmen die Bestellungen schriftlich auf, laufen dann zum Koch und wiederholen die Bestellungen. — GA/Plenum

Übungsbuch: S. 140, Übung 1–3

Am Samstag arbeiten?

S. 52 **1**

Lernziel	Detailliertes Leseverstehen; Wortschatz: das Modalverb *müssen*	

Ablauf
KT lesen die Sätze und entscheiden in EA/PA, wer arbeiten muss und wer nicht. Beim Vergleich im Plenum versuchen KT, ihre Entscheidungen zu begründen. — EA/PA Plenum

Tipp
Erweiterung: KL stellt im Anschluss einige Fragen: *Sie sind im Deutschkurs. Müssen Sie jetzt arbeiten? Müssen Sie heute noch arbeiten? Wer muss am Wochenende/abends/an Feiertagen arbeiten?* — Plenum

2

Lernziel	Wortschatz: Einkaufen, die Modalverben *müssen* und *können*	
Ablauf	a) KT lesen die Einkaufsliste von Frau Egli. KL klärt unbekannten Wortschatz mit Hilfe der Zeichnungen. KT formulieren mit Hilfe der Nomen aus dem Schüttelkasten einen Beispielsatz (*Frau Egli muss Marmelade einkaufen.*), den KL an der Tafel bzw. auf OHP-Folie notiert. KT bilden weitere Sätze nach dem vorgegebenen Beispiel.	Plenum
	b) KT ordnen in EA/PA die Produkte den entsprechenden Geschäften zu und schreiben sie in die Zeilen.	EA/PA
	c) KT lesen den Beispielsatz und formulieren nach dem gleichen Muster weitere Sätze mit den Gegenständen aus Frau Eglis Einkaufsliste. Dabei lenkt KL die Aufmerksamkeit der KT auf die Verwendung des Akkusativs: Dem Verb *kaufen* folgt immer der *Akkusativ*.	Plenum
Tipp	**Erweiterung:** KL führt noch weiteren Wortschatz zum Thema Einkaufen ein: Er schreibt weitere Einkaufsmöglichkeiten an die Tafel oder auf OHP-Folie, z. B. *Metzgerei, Kaufhaus, Markt* und fragt: *Was kann man hier kaufen?* Zur Entlastung kann KL einen Schüttelkasten oder Kärtchen mit Ladenschildern und mit verschiedenen Produkten vorbereiten. KT ordnen dann in PA/GA die Produkte den Läden zu und präsentieren anschließend ihre Ergebnisse im Plenum.	Plenum
		PA/GA
		Plenum

Übungsbuch: S. 141/142, Übung 1–6

3

Lernziel	Grammatik: Konjugation von *können* (3. Person Singular und Plural), Position von *nicht*	
Ablauf	KT lesen die Beispielsätze, ergänzen die übrigen Sätze und markieren die verschiedenen Formen von *können* in EA/PA. Bei der Besprechung im Plenum macht KL noch einmal anhand der Sätze auf die unterschiedliche Verbform bei der 3. Person Singular und Plural aufmerksam und weist besonders auf die Position von *nicht* im Satz hin.	EA/PA
		Plenum

4

Lernziel	Grammatik: Konjugation von *müssen* und *können*	
Ablauf	KT ergänzen in EA mit Hilfe von Aufgabe 3 die beiden Tabellen. Bei der Besprechung im Plenum hält KL gemeinsam mit KT folgende Regeln an der Tafel fest:	EA
		Plenum

- Die Verbformen der 1., 2. und 3. Person Singular *(ich muss/kann; du musst/kannst; er, sie, es muss/kann)* sind unregelmäßig.
- Die Verbformen der 1., 2. und 3. Person Plural *(wir müssen/können; ihr müsst/könnt; sie müssen/können)* sind regelmäßig.

Siehe unter Grammatik, S. 200.

5

Lernziel	Mündliche Interaktion; Grammatik: Satzklammer bei Modalverben	
Ablauf	a) KT bilden in PA/GA Sätze mit den Satzteilen aus den Schüttelkästen und schreiben diese auf. Anschließend tragen die Paare bzw. Gruppen ihre Ergebnisse im Plenum vor.	PA/GA Plenum
	b) KT tauschen sich zunächst in PA/GA, danach im Plenum aus, indem sie sich gegenseitig fragen: *Ich kann … Was kannst du?* Siehe unter Grammatik, S. 197.	PA/GA, Plenum
Tipp	**Erweiterung:** Zur Verdeutlichung des veränderten Satzbaus durch Modalverben bereitet KL große Zettel vor, auf denen die einzelnen Satzteile stehen. Verben und Modalverben sollten farbig gekennzeichnet sein. Die Zettel mit den Verbformen (z. B. *fährt*) sollten auf der Rückseite den entsprechenden Infinitiv (z. B. *fahren*) enthalten. KL verteilt die Zettel an verschiedene KT, die mit ihren Zetteln zunächst Sätze ohne Modalverben bilden. Dann schiebt sich der KT mit dem Modalverb auf Position 2, verdrängt den KT mit dem Vollverb auf die letzte Position, wendet dann seinen Zettel und zeigt die Infinitivform:	Plenum

Der Busfahrer	fährt	gut	Auto	

Der Busfahrer	kann	gut	Auto	fahren

Übungsbuch: S. 143/144, Übung 1–6

Im Deutschkurs

1

Lernziel	Wortschatz: Fragen im Deutschunterricht	
Ablauf	KT lesen zunächst die Fragen. Gemeinsam wird die Bedeutung von *man* geklärt. Dann befragen sich KT in PA/GA. Anschließend präsentieren die Paare bzw. Gruppen ihre Lösungen im Plenum.	PA/GA Plenum

2

Lernziel	Grammatik: Verb-Endung nach *man*	
Ablauf	KT betrachten die Tabelle, ergänzen sie in EA und markieren die Verb-Endung. Beim Vergleich im Plenum sollen KT erkennen, dass *man* ein unpersönliches Pronomen der 3. Person Singular ist. Siehe unter Grammatik, S. 206.	EA Plenum

3

Lernziel	Grammatik: Unterschied zwischen den Pronomen *er, sie, es* und *man*	
Ablauf	KT lesen den Beispielsatz und ergänzen anschließend in EA/PA die fehlenden Pronomen. Bei der Besprechung im Plenum wird der Bedeutungsunterschied zwischen den Pronomen *er, sie, es* und dem unpersönlichen Pronomen *man* herausgearbeitet.	EA/PA Plenum

Übungsbuch: S. 145, Übung 1–3

Lektion 5

Leute in Hamburg

S. 56 **1**

Lernziel	Wortschatz: Berufe	
Ablauf	KT ordnen in EA/PA den Personen auf den Fotos die vorgegebenen Berufe zu. Der Vergleich im Plenum kann in Form einer Kettenübung erfolgen: *Martin Miller ist … von Beruf. Und was ist … von Beruf? – … ist … von Beruf. Und was ist … von Beruf? usw.*	EA/PA Plenum
Tipp	**Erweiterung:** KL bringt weitere Abbildungen von verschiedenen Personen in Berufskleidung mit. KT ordnen in PA/GA den Bildern verschiedene Berufsbezeichnungen zu, die KL auf Kärtchen vorbereitet hat. Alternativ können auch Bilder aus der Arbeitswelt verwendet werden.	PA/GA

S. 56 **2**

Lernziel	Globales Hörverstehen; Wortschatz: Berufe	
Ablauf	KT lesen die Wörter im Schüttelkasten. KL klärt die Bedeutung des neuen Wortschatzes. Dann spielt KL die Hörtexte mehrmals vor. Die Geräusche unterstützen das Verstehen. KT ergänzen in EA/PA die Berufe in den vier Sätzen.	EA/PA

S. 57 **3**

Lernziel	Grammatik: maskuline und feminine Formen bei Berufsbezeichnungen	
Ablauf	KT füllen in EA/PA die Lücken aus. Beim Vergleich betrachten KT noch einmal die femininen Formen bei Berufsbezeichnungen. Gemeinsam halten KL und KT fest, dass die femininen Berufsbezeichnungen die Endung *-in* haben. Dann lenkt KL die Aufmerksamkeit auf die Sonderformen mit Umlaut: *Ärztin, Köchin.*	EA/PA, Plenum
Tipp	**Erweiterung:** Anhand des Wörterbuchs können KT ihre eigenen Berufe benennen. KT befragen sich gegenseitig über ihre Berufe: *Was sind Sie/bist du von Beruf?* Falls die Berufe der KT bereits bekannt sind, kann hier wiederholt werden: *Nina ist … von Beruf. usw.*	PA

S. 57 **4**

Lernziel	Wortschatz: Berufe; Grammatik: maskuline und feminine Formen bei Berufsbezeichnungen	
Ablauf	KT lesen in EA/PA die Sätze, füllen die Lücken aus und besprechen ihre Ergebnisse im Plenum.	EA/PA Plenum
Tipp	**Erweiterung:** Der Wortschatz kann mit dem Spiel *Beruferaten* (siehe unter *Spiele*) wiederholt werden: Ein KT führt bestimmte Tätigkeiten pantomimisch vor und ein anderer KT errät den dazu passenden Beruf.	Plenum

Übungsbuch: S. 146/147, Übung 1–4

Ein Stadtspaziergang

S. 58 **1**

Lernziel	Leseverstehen; Wortschatz: In der Stadt; Grammatik: Präpositionen *auf*, *in* + Akkusativ	
Ablauf	Vorentlastung: KL zeigt auf einer mitgebrachten Karte die geografische Lage von Hamburg. KT betrachten die Bilder und lesen die Überschrift. KL fragt: *Was sehen Sie?*	Plenum
	Zunächst lesen KT leise den Text. Danach liest KL abschnittsweise den Text laut vor. Er klärt anhand der Fotos (Foto 1: Michel, Kirchturm; Foto 2: S-Bahn; Foto 3: Zentrum, Rathaus, Fußgängerzone, Geschäfte) den neuen Wortschatz und sichert das Verständnis, z. B. mit folgenden Fragen: *Wo ist Martin Miller? Arbeitet er oder macht er Urlaub? Was macht er?* KT ordnen den Bildern bestimmte Textstellen zu.	EA / Plenum
Tipp	**Erweiterung:** KL liest den gesamten Text einmal laut vor. Anschließend liest jeder KT ein bis zwei Sätze. Neue Wörter und schwierige Passagen können im Chor und einzeln geübt werden. Es bietet sich an, Passagen aus dem Text in einer Folgestunde als Diktat zu wiederholen. Siehe auch *Laufdiktat, Rücken-an-Rücken-Diktat* unter Spiele .	Plenum
	Landeskunde: Der Hamburger „Fischmarkt" ist ein großer Markt, auf dem neben Fisch auch Blumen, Fleisch, Kleidung usw. verkauft werden. Er beginnt um 4 Uhr morgens. Er ist berühmt für seine Marktschreier. Marktschreier sind Verkäufer, die ihre Ware besonders laut und witzig anpreisen.	

S. 58 **2**

Lernziel	Selektives Leseverstehen; Wortschatz: das Verb *besichtigen*	
Ablauf	Vorentlastung: KT lesen, wenn nötig, noch einmal den Text in Aufgabe 1 und klären mit Hilfe des KL die Bedeutung des Verbs *besichtigen*.	Plenum
	Anschließend markieren KT in EA/PA, welche Orte man besichtigen kann. Bei der Besprechung im Plenum weist KL darauf hin, dass dem Verb *besichtigen* immer ein Akkusativ-Objekt folgt.	EA/PA
Tipp	**Erweiterung:** Zur Unterscheidung der Verben *besichtigen* und *beobachten* machen KT die Übung 2, S. 148 im Übungsbuch. KL bereitet Kärtchen mit weiteren Orten vor, die man besichtigen kann. KT bilden mit Hilfe dieser Kärtchen Sätze, z. B. *Man kann … besichtigen.* KT können zusätzlich, wenn nötig mit Hilfe des KL, noch Sehenswürdigkeiten benennen, die man am Kursort besichtigen kann. Später können KT auch so ihre Heimatstadt vorstellen. KL erstellt aus den Ergebnissen an der Tafel einen Wortigel um das Verb *besichtigen*.	Plenum

3

Lernziel	Detailliertes Leseverstehen	
Ablauf	KT markieren in EA/PA, welche Sätze richtig und welche Sätze falsch sind. KT vergleichen ihre Ergebnisse zunächst in PA, dann im Plenum. KT nennen die Sätze die ihnen bei der Lösung der Aufgabe geholfen haben.	EA/PA PA, Plenum
Tipp	**Erweiterung:** KT schreiben nach dem Muster der Übung 1, S. 146 im Übungsbuch in EA/PA Sätze zu den Sehenswürdigkeiten und Orten der Heimatstadt bzw. des Kursortes (z. B. *Michel, Rathaus, Fischmarkt: Hamburg*).	EA/PA
	Diese Übung lässt sich auch zu einem Wettkampfspiel ausbauen. KL teilt den Kurs in zwei Gruppen. Gruppe A nennt Stichworte wie *Michel, Rathaus, Fischmarkt* und Gruppe B muss die entsprechende Stadt erraten. Hat Gruppe B die richtige Lösung gefunden, bekommt sie einen Punkt und darf nun die Stichworte nennen. Gruppe A muss nun die gesuchte Stadt erraten. Nennt Gruppe B die falsche Lösung, bekommt Gruppe A einen Punkt. Die Gruppe, die die meisten Punkte hat, hat gewonnen.	Plenum

Übungsbuch: S. 147/148, Übung 1–2

4

Lernziel	Wortschatz: In der Stadt, Verben mit *auf* und *in* + Akkusativ	
Ablauf	KT lesen zunächst die Sätze und ordnen dann in EA/PA die Sätze 1–6 den Sätzen A–F zu.	EA/PA

5

Lernziel	Wortschatz: Verben mit *auf* und *in* + Akkusativ; Grammatik: Präpositionen *auf* und *in* + Akkusativ	
Ablauf	Vorentlastung: KT lesen noch einmal die Sätze aus Aufgabe 4 und unterstreichen die Verben und Präpositionen. KT ordnen in EA/PA den Präpositionen die passenden Nomen und Verben zu. Bei der Besprechung im Plenum erklärt KL den Bedeutungsunterschied von *auf* und *in*. Anhand dieser Aufgabe zeigt KL die Gemeinsamkeit der Verben *gehen, fahren, steigen* und *schauen* auf: Es sind Verben, nach denen man mit *wohin* fragt. KT und KL formulieren gemeinsam die Regel: Auf die Frage *Wohin?* folgt *auf* oder *in* + Akkusativ. Siehe unter Grammatik, S. 206/207.	EA/PA Plenum

6

Lernziel	Grammatik: Akkusativformen des bestimmten und unbestimmten Artikels nach *auf* und *in*	
Ablauf	KT ergänzen in EA/PA die fehlenden Artikel. Beim Vergleich im Plenum wiederholt KL, dass nur die maskulinen Formen im Akkusativ (*den/einen*) abweichen und macht auf die Sonderform *ins* aufmerksam. KL visualisiert noch einmal die korrekten Formen an der Tafel oder am OHP. Dabei kann er sich an der Darstellung auf der Grammatikseite (S. 67 im Kursbuch) orientieren. Siehe unter Grammatik, S. 206/207.	EA/PA, Plenum

7

Lernziel   Mündlicher Ausdruck

Ablauf	KL befragt einen KT: *Sie möchten einen Kaffee trinken. Wohin gehen Sie?* KT antwortet: *Ich gehe in ein Café.* Die Aufgabe wird dann in Form einer Kettenübung weitergeführt: Derselbe KT fragt einen anderen KT: *Sie möchten/Du möchtest einen Kaffee trinken. Wohin gehen Sie/gehst du? – Ich gehe in ein Café. Sie brauchen/Du brauchst einen Stadtplan. Wohin gehen Sie/gehst du? usw.*

Plenum

Tipp	**Alternative:** Diese Aufgabe kann auch variiert werden. KT fragt seinen Partner: *Ich möchte einen Kaffee trinken. Wohin gehe ich? – Sie gehen/Du gehst in ein Café.* Anschließend berichten KT im Plenum: *Katja möchte … Sie geht …*

PA

Plenum

Erweiterung: KL bereitet Kartensets vor. Rote Karten für Dinge, die man braucht oder sucht, und blaue Karten für Orte, an denen man diese Dinge findet. KL verteilt die Kartensets an die Paare. Ein KT nimmt die roten, der andere die blauen Karten. KT formulieren zunächst in PA Sätze nach dem Muster in Aufgabe 7, die dann im Plenum vorgetragen werden.

PA

Plenum

Übungsbuch: S. 148/149, Übung 1–4

Der Tag von Familie Raptis

1

Lernziel   Selektives Leseverstehen; Wortschatz: Tageszeiten, Mahlzeiten, Zeitangaben

Ablauf	Vorentlastung: KT betrachten gemeinsam das Bild und lesen die Überschrift. KL fragt: *Wer ist das? Was ist sie von Beruf? Wie viele Kinder hat sie?*

Plenum

a) KL liest den Text laut vor. Später lesen KT in EA den Text. KL klärt den Wortschatz und sichert das Textverständnis anhand folgender Fragen: *Was ist Andrea Solling-Raptis von Beruf? Wie heißt ihr Mann? Was ist ihr Mann von Beruf? Wie heißen ihre Kinder?*

EA, Plenum

b) KT suchen in PA die Angaben zu Tageszeiten und Mahlzeiten im Text und ergänzen die Lücken. Bei der Besprechung im Plenum sollte KL auch auf die Satzstellung bei Zeitangaben in Position 1 *(Abends gehe ich in die Volkshochschule.)* hinweisen.

PA Plenum

Tipp	**Alternative:** KL gibt die Sätze aus dem Text ohne Zeitangaben vor (z. B. auf Papierstreifen) und lässt farbige Zettel frei für Zeitangaben. KT ordnen die Sätze in PA/GA chronologisch und ergänzen dann die notwendigen Zeitangaben.

PA/GA

Erweiterung: KL lenkt die Aufmerksamkeit der KT auf die strukturierenden Zeitangaben *(zuerst, dann, danach, jetzt)*. KT suchen diese im Text. KL erklärt die Satzstellung an Sätzen aus dem Text.

S. 60	**2**		
Lernziel	Wortschatz: Tagesablauf		
Ablauf	KT lesen, wenn nötig, den Text in Aufgabe 1 noch einmal und ergänzen in EA/PA die Zeilen mit den Wörtern aus dem Schüttelkasten.	EA/PA

S. 60	**3**		
Lernziel	Grammatik: Akkusativformen des Possessivartikels		
Ablauf	KT suchen in EA die Akkusativform *meinen* im Text und ergänzen die Tabelle. KL macht anhand der Tabelle deutlich, dass nur der maskuline Possessivartikel (z. B. *mein*) im Akkusativ die Endung -*en* erhält; alle anderen Formen des Possessivartikels sind im Nominativ und Akkusativ gleich. Siehe unter Grammatik, S. 204.	EA
Tipp	**Erweiterung:** KT erweitern in EA selbstständig die Tabelle um die übrigen Possessivartikel *dein, sein, ihr/Ihr*. Beim Vergleich im Plenum erstellt KL zur Kontrolle ein Tafelbild oder eine OHP-Folie mit der vollständigen Tabelle und ergänzt zusammen mit KT die Pluralformen der Possessivartikel *(unser, euer, ihr)*.	EA Plenum

Übungsbuch: S. 150, Übung 1–3

S. 61	**4**		
Lernziel	Grammatik: Akkusativformen der Possessivartikel *sein, ihr*		
Ablauf	KT ergänzen in EA/PA den Lückentext mit den passenden Possessivartikeln. Beim Vergleich im Plenum wiederholt KL noch einmal alle Possessivartikel.	EA/PA Plenum

S. 61	**5**		
Lernziel	Mündlicher Ausdruck		
Ablauf	Vorentlastung: KT unterstreichen die Sätze im Text, in denen Lena und Jakob bzw. Kostas vorkommen.	
	a) KT berichten aus der Perspektive von Lena und Jakob (Aufgabe 1) bzw. Kostas (Aufgabe 2) über deren Tagesablauf. Diese Aufgaben können KT auch in EA/GA schriftlich vorbereiten.	Plenum EA/GA
	b) KT befragen sich in PA/GA nach ihrem Tagesablauf: *Was trinkst du morgens? Was machst du mittags?* usw.	PA/GA

S. 61	**6**		
Lernziel	Detailliertes Hörverstehen		
Ablauf	Vorentlastung: KT betrachten das Bild und wiederholen im Plenum, was sie über Kostas wissen: *Was ist er von Beruf? Wie heißt seine Frau? Wie viele Kinder hat er?*	Plenum
	KT lesen in EA die Arbeitsanweisung und die Sätze. KL spielt den Hörtext ganz vor, dann noch einmal in Abschnitten. KT kreuzen in EA/PA die korrekten Lösungen an. KT hören den Text noch einmal zur Kontrolle.	EA EA/PA

7

Lernziel	Aussprache: Unterschied zwischen *ei* und *ie*	
Ablauf	**a)** KL spielt zunächst die Sätze 1–5 vor. Er weist darauf hin, dass *ei* (Arbeit) wie *ai* und *ie* (Wien) wie ein langes *i* gesprochen werden. Dann spielt er die Sätze noch einmal einzeln vor und KT können schwierige Wörter bzw. den ganzen Satz im Chor nachsprechen. KT üben die Sätze in PA, anschließend präsentieren sie die Sätze im Plenum.	Plenum PA,
	b) KL spielt den Dialog vor. KT lesen ihn zuerst und spielen ihn dann in PA mit verteilten Rollen.	Plenum PA
Tipp	Bei langen Sätzen bietet sich folgende Methode für das Nachsprechen an: KL liest den ganzen Satz vor. Danach liest er nur das erste Wort und KT sprechen nach. KL liest das erste und das zweite Wort, KT sprechen nach usw., bis der ganze Satz vor- und nachgesprochen ist.	Plenum

Übungsbuch: S. 151/152, Übung 1–5

Früher und heute

1

Lernziel	Selektives Hör- und Leseverstehen; Wortschatz: Früher und heute; Grammatik: Präteritum von *haben, sein, es gibt*	
Ablauf	Vorentlastung: KT betrachten das Bild und beantworten folgende Fragen: *Wer ist das? Wie alt ist sie? Was ist sie von Beruf? Was macht sie?* KT hören dann den Text bei geschlossenen Büchern und suchen Antworten auf die Fragen: *Wer spricht? Wo sind sie? Was sind sie von Beruf? Woher kommen sie?*	Plenum
	a) KL spielt den Dialog einmal ganz vor. KT lesen das Gespräch zunächst in EA. KL und KT klären gemeinsam den neuen Wortschatz. Anschließend tragen einzelne Paare den Dialog im Plenum vor.	EA Plenum
	b) KT erarbeiten die Bedeutung der Zeitangaben *früher* bzw. *heute* und ordnen den vorgegebenen Sätzen die Zeitangaben *früher* (Vergangenheit) bzw. *heute* (Gegenwart) zu. KT markieren die beiden unterschiedlichen Verbformen für Gegenwart und Vergangenheit.	
Tipp	**Erweiterung:** Der Dialog lässt sich mit einer Aufgabe zum Globalen Hörverstehen verbinden: KL stellt die Aufgabe: *Hören Sie das Gespräch. Wo findet das Gespräch statt?* KL gibt zwei Alternativen vor: *Sind die Leute im Café oder im Lebensmittelgeschäft?* KL spielt den Dialog einmal vor. KT beantworten die Frage.	

2

Lernziel	Grammatik: Präteritum von *haben, sein, es gibt*	
Ablauf	KT übertragen die unterstrichenen Verbformen aus Aufgabe 1b) in die Tabelle und ergänzen die fehlenden Formen mit Hilfe des Textes in Aufgabe 1a). Siehe unter Grammatik, S. 201.	EA

3

Lernziel	Grammatik: Präsens und Präteritum von *haben, sein, es gibt*	
Ablauf	KT ergänzen die Lücken in EA/PA und tragen den Text im Plenum vor.	EA/PA
Tipp	**Transfer:** KT formulieren den Text in der 3. Person Singular *(Früher war sie Verkäuferin.)*.	

4

Lernziel	Mündliche Interaktion	
Ablauf	KT befragen sich gegenseitig in PA mit Hilfe der Wörter aus dem Schüttelkasten: *Was hatten Sie/hattest du früher? Was hatten Sie/hattest du nicht? Was haben Sie/hast du heute?*	PA
	Anschließend tragen KT die Ergebnisse der Partnerinterviews im Plenum vor: *Ida hatte früher ...* usw.	Plenum
Tipp	**Alternative:** Diese Aufgabe kann auch in Form eines *Wechselspiels* durchgeführt werden (siehe unter Spiele).	PA
	Erweiterung: KT schreiben Dinge, die man besitzen kann (aus den vorigen Lektionen), auf Zettel. KL sammelt diese in einer Tüte. Ein KT zieht einen Zettel und fragt einen anderen KT: *Hast du ein ...?* Antwortet dieser mit *nein*, dann folgt die Frage: *Hattest du früher ein ...?* usw.	Plenum

Übungsbuch: S. 153/154, Übung 1–3

5

Lernziel	Wortschatz: *ja, nein, doch*	
Ablauf	KT lesen noch einmal den Text in Aufgabe 1 und suchen in EA/PA die fehlenden Wörter *ja, nein, doch.* KT ergänzen die Lücken in der Tabelle.	EA/PA
	Bei der Besprechung im Plenum erläutert KL mit Hilfe der Tabelle folgende Regeln: Auf *nicht verneinte* Fragen *(Sind Sie aus Deutschland?)* antwortet man mit *ja* bzw. *nein (Ja, ich bin aus Deutschland. / Nein, ich bin nicht aus Deutschland.)*; auf *verneinte* Fragen *(Sind Sie nicht aus Deutschland?)* antwortet man mit *doch* bzw. *nein (Doch, ich bin aus Deutschland. / Nein, ich bin nicht aus Deutschland.)*.	Plenum

6

Lernziel	Mündlicher Ausdruck	
Ablauf	KT interviewen sich in PA/GA mit den vorgegebenen Fragen und leiten ihre Antworten mit *ja, nein* oder *doch* ein.	PA/GA
Tipp	**Erweiterung:** KT denken sich in PA/GA noch weitere Satzfragen aus, die sie anschließend im Plenum anderen KT stellen.	PA/GA Plenum

Übungsbuch: S. 154, Übung 1–2

Eine Spezialität aus Hamburg

1

Lernziel	Wortschatz: Lebensmittel und Küchenutensilien	

Ablauf KL klärt mit Hilfe des Fotos den Wortschatz. Die einzelnen Wörter werden durch die Verbindung von Bild und Wortkärtchen eingeführt.   Plenum

a) KT überlegen in PA, was auf dem Foto fehlt, und kreuzen die richtige Lösung an.   PA

b) KT ordnen in EA/PA die Wörter auf dem Foto nach den Kategorien *Lebensmittel* bzw. *keine Lebensmittel*. Die beiden Listen können im Plenum mit Hilfe des KL mit weiteren, bereits bekannten Wörtern ergänzt werden.   EA/PA

    Plenum

Tipp **Erweiterung:** KT und KL bringen Bilder (z. B. aus Zeitschriften oder Katalogen) von Lebensmitteln und Küchenutensilien mit und machen eine Collage mit Beschriftung für das Klassenzimmer.   Plenum

KL erstellt (evtl. auch gemeinsam mit KT) einen Kartensatz mit Bildern der verschiedenen Gegenstände und einen Kartensatz mit den dazugehörigen Wörtern. Anschließend wird in Gruppen *Memory* gespielt (siehe unter Spiele).   Plenum

Wortschatzarbeit: Zur Erleichterung des Vokabellernens sollten immer 8–10 Wörter entweder

- nach Oberbegriffen gruppiert werden, z. B. *Besteck: Gabel, Messer, Löffel; Gemüse: Karotte, Lauch* usw.
- oder paarweise geordnet werden, z. B. *Salz – Pfeffer; Essig – Öl; Obst – Gemüse* usw.
- oder alphabetisch geordnet werden: *Aal, Brühe, Essig, Gabel, Kräuter* usw.

KT sollen diese Strategien im Kurs einüben, um sie auch beim Selbstlernen anzuwenden. An die Kursbuchaufgabe können sich folgende Übungen anschließen: Verschiedene Gruppen erhalten verschiedene Aufgaben, z. B. *Finden Sie Paare bzw. Gegensatzpaare. / Gruppieren Sie nach Oberbegriffen. / Ordnen Sie Begriffe alphabetisch, nach Farbe, nach Größe usw.*   GA

Der Wortschatz kann auch mit einem Wettkampfspiel wiederholt werden: KL erstellt zwei Plakate, auf denen jeweils das Alphabet (außer Q, X, Y) auf der linken Seite untereinander aufgelistet wird. KL teilt KT in zwei Gruppen. Jede Gruppe bekommt ein Plakat. Diejenige Gruppe, die unter der Zeitvorgabe von 10 Minuten die meisten richtigen Wörter mit Artikel gefunden hat, hat gewonnen.

2

Lernziel	Selektives Leseverstehen; Wortschatz: Kochen	

Ablauf Vorentlastung: KT betrachten gemeinsam das Foto. KL fragt: *Wer ist das? Wie heißt er? Woher kommt er? Was ist er von Beruf?*   Plenum

a) KT lesen in EA den Text.   EA

b) KT lesen die Aufgabe und kreuzen in EA/PA die richtige Lösung an. KL klärt dann pantomimisch den neuen Wortschatz.   EA/PA

    Plenum

S. 65

3

Lernziel   Wortschatz: Kochen

Ablauf	KT kombinieren in EA/PA Zutaten und Verben. Bei der Besprechung im Plenum ist darauf zu achten, dass einige Verben zu mehreren Nomen passen. KT können die Ergebnisse auch in ganzen Sätzen präsentieren: *Ich wasche den Fisch. Ich salze und brate den Fisch.*	EA/PA Plenum
Tipp	**Alternative:** KT suchen in EA/PA im Text in Aufgabe 2 die Zutaten für die Aalsuppe. Anschließend sammeln KT die Tätigkeiten (Verben in Infinitivform), die man beim Zubereiten ausführt. KL erstellt aus den Ergebnissen ein Tafelbild: links ein Schüttelkasten mit Zutaten, rechts ein Schüttelkasten mit Verben. Anschließend ziehen KT in EA/PA Verbindungslinien: Welche Verben passen zu welchen Zutaten? KT sammeln in schriftlicher Form Kombinationen wie in Aufgabe 3.	EA/PA Plenum EA/PA
	Erweiterung: Als Wiederholung der neuen Verben bietet sich das Spiel Begriffe raten mit *Pantomime* (siehe unter Spiele) an.	Plenum

S. 65

4

Lernziel   Grammatik: Akkusativformen der Pronomen

Ablauf	Vorentlastung: KT unterstreichen in EA/PA Nomen und Pronomen im Text von Aufgabe 2. KL sammelt die Beispiele an der Tafel oder auf einer OHP-Folie und ordnet gleichzeitig nach folgendem Muster: *den Aal – ihn, die Karotte – sie, das Gemüse – es, die Kräuter – sie.*	EA/PA Plenum
	KT füllen dann in EA die Tabelle aus. KL lenkt die Aufmerksamkeit der KT auf die abweichende Form *ihn*. Siehe unter Grammatik, S. 205.	EA, Plenum

S. 65

5

Lernziel   Mündlicher Ausdruck; Grammatik: Akkusativformen der Pronomen

Ablauf	Mit Hilfe der Wörter aus dem Schüttelkasten beschreiben KT, was sie mit den einzelnen Zutaten machen. Die Aufgabe kann auch zu einer Beschreibung von Rezepten ausgedehnt werden.	Plenum
Tipp	**Alternative:** KL schreibt (evtl. mit Hilfe der KT) je eines der vorgegebenen oder weitere, bereits eingeführte Lebensmittel auf Zettel. KL steckt die Zettel in eine Tüte. Ein KT zieht einen Zettel und muss in einem Satz – unter Verwendung der Pronomen – zwei oder drei Tätigkeiten nennen, die er mit dem darauf stehenden Objekt ausführt (z. B. *Ich wasche den Fisch, ich salze ihn, ich brate ihn.*).	Plenum
	Erweiterung: KT machen zunächst in EA oder als HA die Übung 8, S. 157 im Übungsbuch. Nach der Besprechung im Plenum schreiben KT in GA ein einfaches Rezept nach dem Muster der Übung 8 und tragen es im Plenum vor. KT korrigieren die Rezepte mit Hilfe des KL und erstellen ein Kurskochbuch.	EA Plenum GA Plenum

Übungsbuch: S. 155–157, Übung 1–8

Jetzt kennen Sie Leute in Hamburg!

S. 66 **1**

Lernziel	Grammatik: Präpositionen *für, ohne* + Akkusativ, W-Fragen mit *für, ohne*	
Ablauf	KT lesen in EA die Fragen und Antworten. KT ordnen in EA/PA Fragen und Antworten zu.	EA, EA/PA

2

Lernziel	Grammatik: Präpositionen *für, ohne* + Akkusativ, W-Fragen mit *für, ohne*	
Ablauf	Vorentlastung: KT markieren die Präpositionen *für, ohne* und die W-Fragen mit *für, ohne* in Aufgabe 1. KT ergänzen in EA die fehlenden Fragewörter mit Hilfe der Sätze in Aufgabe 1. Bei der Besprechung im Plenum weist KL auf folgende Regeln hin:	EA Plenum

Frage	Antwort
• *Wofür?*	*Für* + Sache, keine Person
Für wen?	*Für* + Person
• *Ohne was?*	*Ohne* + Sache, keine Person
Ohne wen?	*Ohne* + Person

Siehe unter Grammatik S. 206/207.

> Übungsbuch: S. 158/159, Übung 1–6

S. 66 **3**

Lernziel	Leseverstehen; Grammatik: Pronomen im Akkusativ	
Ablauf	KT lesen die Sätze mit verteilten Rollen. Dann markieren sie in PA alle Pronomen im Akkusativ (*mich, dich, uns, euch*).	PA

S. 66 **4**

Lernziel	Grammatik: Pronomen *ich, du, wir, ihr* im Akkusativ	
Ablauf	KT ergänzen in EA die Tabelle. Dazu können sie die Markierungen in Aufgabe 3 zur Hilfe nehmen.	EA
Tipp	Um die Pronomen im Akkusativ noch einmal komplett durchzusprechen, kann KL auf die Übersicht auf der Grammatikseite (S. 67 im Kursbuch) zurückgreifen. Siehe unter Grammatik, S. 205.	

S. 66 **5**

Lernziel	Mündliche Interaktion; Grammatik: Präpositionen *für, ohne* + Akkusativ, W-Fragen mit *für, ohne*	
Ablauf	KT tauschen sich in PA anhand der Fragen *Wofür?/Für wen?* in Aufgabe **a)** bzw. *Ohne was?/Ohne wen?* in Aufgabe **b)** über ihre Ziele und Vorlieben aus. Diese Interviews können von KT schriftlich vorbereitet werden. Anschließend werden die Ergebnisse im Plenum präsentiert: *Piotr arbeitet für ein Auto.* usw.	PA Plenum

> Übungsbuch: S. 160/161, Übung 1–5

Lektion 6

Ortstermin Leipzig

S. 68 **1**

Lernziel Detailliertes Leseverstehen

Ablauf	Vorentlastung: KT und KL betrachten die Fotos von Leipzig und suchen die Stadt gemeinsam auf einer Deutschlandkarte.	Plenum
	KT lesen dann die Einladung und betrachten das Klassenfoto. KL fragt: *Was sehen Sie? Was für eine Einladung ist das?* KT lesen noch einmal die Einladung und erfragen neuen Wortschatz. KT beantworten dann die Fragen in EA/PA zunächst schriftlich. Anschließend stellen sie ihre Lösungen im Plenum vor.	EA/PA Plenum
Tipp	**Erweiterung:** Im Anschluss an diese Aufgabe stellt KL weitere Fragen, die KT entweder im Plenum oder in PA/GA beantworten: *Wie viele Jahre liegt Ihr Abitur/Ihr Schulabschluss zurück? Hatten Sie auch schon ein Klassentreffen? Wo? Haben Sie noch Freunde aus der Schulzeit? Was machen sie jetzt?*	Plenum, PA/GA

S. 69 **2**

Lernziel Selektives Leseverstehen

Ablauf	KT lesen noch einmal die Einladung und betrachten die Bilder. Dann ordnen sie in EA/PA den drei Programmpunkten die passenden Bilder zu. Beim Vergleich im Plenum nennen KT die Informationen, die ihnen bei der Lösung der Aufgabe geholfen haben.	EA/PA Plenum
	Anschließend lesen KT das Zitat sowie den Text zur Gose. KL klärt neuen Wortschatz. Eine einfache Verständnisaufgabe zu dem Text „Was ist Gose?" findet sich in Übung 7, S. 164 im Übungsbuch.	
Tipp	**Erweiterung:** KL sollte das Thema *Bier* nur mit Rücksicht auf die kulturelle Zusammensetzung des Kurses durch landeskundliche Informationen und zusätzliche Fragen vertiefen: *Trinkt man in Ihrem Land Bier? Was trinkt man in Ihrem Land? Trinken Sie Bier?* Bei KT muslimischen Glaubens sollte das Thema jedoch sensibel behandelt werden.	Plenum

S. 69 **3**

Lernziel Selektives Hörverstehen

Ablauf	Vorentlastung: KL und KT fassen noch einmal zusammen, was sie bereits über das Vorhaben *Klassentreffen in Leipzig* wissen.	Plenum
	KT lesen dann die Überschrift der Aufgabe und die Fragen. Anschließend hören sie das Telefongespräch zweimal. KT machen sich beim Hören Notizen. KT beantworten die Fragen in EA/PA zunächst schriftlich. Anschließend tragen sie ihre Lösungen in ganzen Sätzen mündlich im Plenum vor.	Plenum EA/PA Plenum

Übungsbuch: S. 162–164, Übung 1–7

Das Klassentreffen

S. 70 **1**

Lernziel Detailliertes Leseverstehen

Ablauf a) KT lesen den Brief in EA oder einzelne KT lesen den Text abschnitts-
weise laut vor. KL klärt neuen Wortschatz und stellt Verständnisfra-
gen: *Was ist das? Wer schreibt das? Wann schreiben Steffi, Jens und
Kevin den Brief? Wo wohnen sie? Was erzählen sie von Leipzig?*

b) KT lesen den Brief noch einmal und markieren anschließend in
EA/PA, welche Sätze richtig und welche Sätze falsch sind. Bei der
Besprechung im Plenum nennen KT die Textstellen, die ihnen bei der
Lösung geholfen haben.

EA
Plenum

EA/PA
Plenum

> Übungsbuch: S. 165, Übung 1

S. 71 **2**

Lernziel Grammatik: Perfekt mit *haben*

Ablauf Vorentlastung: KT lesen die Überschrift „haben gemacht – machen" und
unterstreichen dann alle Perfektformen in dem Brief, die sie identifizieren
können. KL sammelt die gefundenen Verben an der Tafel oder auf einer
OHP-Folie.

Anschließend ordnen KT in EA/PA den Perfektformen die passenden
Infinitive aus dem Schüttelkasten zu und schreiben diese in die Tabelle.
Bei der Besprechung im Plenum weist KL darauf hin, dass das Perfekt
aus zwei Teilen, einer Form von *haben* (Hilfsverb) und einem zweiten
Teil, z. B. *gemacht* (Partizip Perfekt), gebildet wird.

EA

EA/PA

Plenum

S. 71 **3**

Lernziel Grammatik: Perfekt mit *haben*, Satzklammer

Ablauf KT ergänzen in EA die Sätze mit den richtigen Verbformen. Zur
Besprechung im Plenum überträgt KL die Sätze an die Tafel oder auf
OHP-Folie. Durch die Markierung der Verbteile verdeutlicht KL die
Satzstellung im Perfekt. KT formulieren mit Hilfe des KL folgende
Regeln:
  • Bei Aussagesätzen steht die Form von *haben* (Hilfsverb) immer auf Posi-
tion 2 des Satzes.
  • Der zweite Teil, hier z. B. *gesessen* (Partizip Perfekt), steht immer am
Ende des Satzes.
  • Die Form von *haben* und das Partizip Perfekt bilden zusammen die
Satzklammer.
Siehe unter Grammatik, S. 197.

EA
Plenum

4

Lernziel	Mündlicher Ausdruck, Grammatik: Perfekt mit *haben*, Satzklammer	
Ablauf	Diese Aufgabe kann entweder im Plenum oder in PA als Kettenübung durchgeführt werden. In PA befragen sich KT gegenseitig: *Was haben Sie/hast du gestern gemacht?* Der befragte KT antwortet mit Hilfe der Verben im Schüttelkasten und gibt die Frage an seinen Partner zurück: *Ich habe gestern Sport gemacht. Und was haben Sie/hast du gestern gemacht?* KT können die Antworten ihres Partners aufschreiben und ihn anschließend anhand ihrer Notizen im Plenum vorstellen: *... hat gestern Bier getrunken und viel gelacht.* usw.	Plenum/ PA
		Plenum
Tipp	**Alternative:** KL bereitet pro Paar oder Kleingruppe einen Würfel vor, dessen Seitenflächen mit sechs Partizipien beschriftet sind. KT befragen sich nun in PA/GA und bilden mit dem gewürfelten Partizip Antwortsätze: *Was haben Sie/hast du gestern gemacht? – Ich habe gestern ...* (siehe unter *Spiele*).	PA/GA
	Erweiterung: KL stellt ein Wortpuzzle her. Er bereitet pro Gruppe ein Set mit Satzteilen auf Karten vor (Karten mit Partizipien, eine entsprechende Anzahl von Karten mit passenden Formen von *haben*, entsprechend viele Karten mit Subjekten, Objekten und Adverbien). Als Hilfestellung sollen die Karten mit den Hilfsverben und Partizipien eine andere Farbe bzw. Form als die übrigen Karten haben. KT legen dann in GA mit den Karten komplette Sätze.	GA

Übungsbuch: S. 166/167, Übung 1–6

Treffpunkt Augustusplatz

1

Lernziel	Selektives Hörverstehen; Grammatik: Verben der Bewegung bzw. Veränderung, Perfekt mit *sein*	
Ablauf	**a)** KT betrachten die Bilder und ordnen ihnen in EA/PA die Verben aus dem Schüttelkasten zu.	EA/PA
	b) KL führt in die Situation ein: *Vier Personen sind nicht gekommen. Was ist passiert?* Anschließend lesen KT die vier Fragen und hören das Gespräch mehrmals. Sie ergänzen in EA/PA die Lücken mit den fehlenden Namen. KT tragen die Antworten in ganzen Sätzen im Plenum vor: *Sascha ist ... Kevin ist ... Elisabeth ist ...*	Plenum
		EA/PA
		Plenum

Übungsbuch: S. 168, Übung 1–4

2

Lernziel Detailliertes Leseverstehen; Grammatik: Perfekt mit *haben* und *sein*

Ablauf

a) KT betrachten die Postkarte. KL führt mit den folgenden Fragen in die Situation ein: *Wer hat die Karte geschrieben? Woher kommt die Karte? Für wen ist die Karte?* Anschließend lesen KT die Postkarte in EA. KL klärt neuen Wortschatz und sichert das Textverständnis anhand folgender Fragen: *Warum hat Elisabeth die Postkarte geschrieben? Warum kann Elisabeth nicht nach Leipzig kommen? Wo ist Elisabeth? Was macht sie?* — Plenum / EA / Plenum

b) KT lesen die Postkarte und den Lückentext. Dann ergänzen sie in EA/PA die fehlenden Verben. Bei der Besprechung im Plenum lenkt KL die Aufmerksamkeit darauf, dass das Perfekt entweder mit einer Form von *haben* oder mit *sein* gebildet wird. — EA/PA, Plenum

Transfer: Bei stärkeren Lernergruppen oder sprachlich homogenen Kursen kann KL auf die formalen Merkmale (Anordnung der Adresse, Datum, Anrede, Grußformel) einer Postkarte hinweisen. KL bringt Postkarten – wenn möglich vom Kursort – mit und verteilt sie an KT. Diese sollen KT an ihre Freunde oder Verwandten schreiben. KL leistet dabei Hilfestellung. — EA

3

Lernziel Grammatik: Perfekt mit *haben* und mit *sein*

Ablauf

Vorentlastung: KT lesen noch einmal die Postkarte und suchen in EA/PA die Perfektformen heraus. Dabei sollen KT die Verben, die im Perfekt mit *haben* gebildet werden, mit einer anderen Farbe markieren als die Verben, die im Perfekt mit *sein* gebildet werden. — EA/PA

Anschließend tragen KT in PA die Perfektformen und die entsprechenden Infinitivformen in die passende Spalte der Tabelle ein. KL geht von Paar zu Paar und gibt, wenn nötig, Hilfestellung. Bei der Besprechung im Plenum weist KL noch einmal auf den Unterschied zwischen den Verben in den beiden Spalten der Tabelle hin: Die Verben in der linken Spalte bilden das Perfekt mit *haben*, die Verben in der rechten Spalte mit *sein*. — PA / Plenum

4

Lernziel Grammatik: Perfekt mit *haben* und *sein*

Ablauf

KT ergänzen in EA die Tabelle mit den korrekten Formen von *haben* und *sein*. Bei der Besprechung der Tabelle im Plenum macht KL auf den Unterschied zwischen dem Perfekt mit *haben* und dem Perfekt *sein* aufmerksam, indem er noch einmal mit KT die Bilder in Aufgabe 1 betrachtet. KL verdeutlicht dann anhand der Tabelle folgende Regeln: — EA / Plenum

• Das Perfekt der meisten Verben wird mit *haben* gebildet.
• Das Perfekt der Verben der Bewegung (z. B. *fahren, fliegen, kommen*) bzw. der Veränderung (z. B. *krank werden*) wird mit *sein* gebildet.
• Das Perfekt der Verben *sein* und *bleiben* wird mit *sein* gebildet.
Siehe unter Grammatik, S. 200/201.

S. 73 **5**

Lernziel   Mündlicher Ausdruck; Grammatik: Perfekt mit *haben* und *sein*

Ablauf   **a)** KT bilden in EA/PA Sätze aus den Satzteilen in den Schüttelkästen   EA/PA
und schreiben diese auf. Anschließend präsentieren KT ihre Ergebnisse
im Plenum und KL oder ein KT sammelt die Sätze an der Tafel oder   Plenum
auf OHP-Folie.
b) KT führen in Form einer Kettenübung ein Gespräch in PA oder im   PA/
Plenum. Dabei bilden sie mit den Satzteilen in den Schüttelkästen   Plenum
Aussagesätze: *Gestern habe ich viel gearbeitet. – Ich habe gestern nicht
viel gearbeitet. / Ich habe Freunde getroffen. – Ich habe gestern keine Freunde
getroffen. Ich habe …*

> Übungsbuch: S. 169/170, Übung 1–5

S. 74 **6**

Lernziel   Grammatik: Partizip Perfekt

Ablauf   KT ordnen in EA die Partizipien aus dem Schüttelkasten den zwei Spal-   EA
ten der Tabelle zu: in die linke Spalte die Partizipien, die auf -*t* enden, in die
rechte Spalte die Partizipien, die auf -*en* enden. Bei der Besprechung im Ple-   Plenum
num erinnert KL daran, dass es zwei Arten von Partizipien gibt, die sich
in ihrer Endung (-*t* bzw. -*en*) unterscheiden.

S. 74 **7**

Lernziel   Grammatik: Partizip Perfekt der regelmäßigen und der unregelmäßigen
Verben

Ablauf   KT ergänzen in EA die Tabelle. Bei der Besprechung der Tabelle im Plenum   EA,
wiederholen und ergänzen KT folgende Regeln: Plenum
• Die Partizipien der regelmäßigen Verben werden mit *ge-* + Verbstamm
+ -*t* gebildet (z. B. *haben – gehabt, machen – gemacht*).
• Die Partizipien der unregelmäßige Verben werden mit *ge-* + Verbstamm
+ -*en* gebildet. Dabei ändert sich im Verbstamm oft der Stammvokal
(z. B. *finden – gefunden, werden – geworden*).
Siehe unter Grammatik, S. 200/201 und unter Verbliste, S. 209/210.

Tipp   Es ist wichtig, dass die Partizipformen so intensiv wie möglich geübt wer-   Plenum
den. Hierzu sollte jede Unterrichtsstunde mit ein paar kurzen Fragen
nach Situationen oder Tätigkeiten in der Vergangenheit beginnen: *Was
haben Sie gestern / heute früh / gerade eben / am Wochenende gemacht?*
Zur Einübung der Partizipformen bieten sich auch Umformungsübungen
vom Präsens ins Perfekt sowie eine Reihe von Spielen (siehe unter
Spiele) an.

S. 74 **8**

Lernziel	Mündlicher Ausdruck; Grammatik: Perfekt mit *haben* und *sein*, Position von *nicht*	
Ablauf	Die Aufgabe kann als Kettenübung in PA gemacht werden. Ein KT beginnt anhand der Verben im Schüttelkasten mit einem Satz im Präsens: *Heute bleibe ich nicht zu Hause.* Sein Partner reagiert darauf im Perfekt und bildet danach einen neuen Satz: *Gestern bist du auch nicht zu Hause geblieben. Heute fahre ich nicht Fahrrad.* usw. Die Aufgabe kann auch im Plenum als Kettenübung gemacht werden.	PA Plenum
Tipp	**Alternative:** KT machen das Spiel *Ariadnes Faden* (siehe unter Spiele) mit je zwei Aussagen im Perfekt.	Plenum

S. 74 **9**

Lernziel	Aussprache: unbetontes e	
Ablauf	**a)** KT hören zunächst alle Verben bei geschlossenen Büchern. Beim zweiten Hören lesen KT die Verben im Buch mit. KL macht darauf aufmerksam, dass es sich bei dem e in der Vorsilbe ge- und in der Endung -en um ein unbetontes e handelt. Es wird weniger deutlich gesprochen als das betont offene e (*lesen, mehr*) oder das betonte geschlossene e (*Geld, Messer*). Anschließend spielt KL die Verben noch einmal vor und legt nach jeder Zeile eine kurze Pause ein, in der KT die Verben zunächst im Chor und danach einzeln nachsprechen können.	Plenum
	b) KT hören den Text mehrmals. Dann notieren KT die Infinitive und Partizipien, die sie verstanden haben. Anschließend sammelt KL oder ein KT die Verben an der Tafel.	Plenum
Tipp	KT schreiben in PA/GA anhand der Verben aus dem Hörtext in Aufgabe 9 b) einen eigenen Text. Anschließend tragen einzelne Paare bzw. Gruppen ihren Text im Plenum vor.	PA/GA Plenum

> Übungsbuch: S. 171, Übung 1–2

Stadtspaziergang durch Leipzig

S. 75 **1**

Lernziel	Selektives Leseverstehen	
Ablauf	KT betrachten zunächst die Bilder und lesen anschließend die drei Texte in EA. KL klärt neuen Wortschatz und danach ordnen KT in PA den Texten die Bilder zu. Bei der Präsentation der Ergebnisse nennen KT die Schlüsselwörter, die ihnen bei der Lösung der Aufgabe geholfen haben.	EA, PA
Tipp	**Erweiterung:** Nach dem Vergleich im Plenum schreiben KT in PA/GA mit Hilfe der Texte und dem neuen Wortschatz Sätze zu den Bildern.	PA/GA

2

Lernziel   Schriftlicher Ausdruck

Ablauf
a) KT betrachten das Foto der Einkaufs-Passage. (Bei dem Foto handelt es sich um die Mädler-Passage in Leipzig.) Dann ergänzen sie in PA/GA die Zeilen mit Nomen, Adjektiven und Verben, die zu diesem Bild passen. Diese Aufgabe kann KL mit neuem Wortschatz unterstützen.   PA/GA

b) KT schreiben in PA/GA mit Hilfe der gesammelten Wörter einen Text zu dem Foto. Anschließend lesen einzelne Paare bzw. Gruppen ihre Texte im Plenum vor.   PA/GA   Plenum

Tipp   Wenn der Kurs nicht zu groß ist, schreiben KT in PA/GA ihre Texte an die Tafel oder auf OHP-Folien. Diese werden anschließend im Plenum vorgelesen und gemeinsam mit Hilfe des KL korrigiert. Bei großen Gruppen werden nur einige Texte an die Tafel oder auf OHP-Folie geschrieben, vorgelesen und berichtigt. Die anderen Texte sollte KL zu Hause korrigieren.   PA/GA   Plenum

Übungsbuch: S. 171, Übung 1

Jahrgang „19 hundert 72"

1

Lernziel   Detailliertes Hörverstehen; Wortschatz: Jahreszahlen

Ablauf   KT hören mehrmals die Jahreszahlen und schreiben sie dann in EA in die dafür vorgesehenen Zeilen. Bei der Besprechung im Plenum weist KL darauf hin, dass nur die Jahreszahlen zwischen 1100 und 1999 anders ausgesprochen werden. Sie werden immer mit *-hundert* angegeben.   EA   Plenum

2

Lernziel   Detailliertes Hörverstehen; Wortschatz: Lebenslauf

Ablauf
a) Vorentlastung: KT lesen zunächst in EA die Jahreszahlen und die Informationen aus Kevins Lebenslauf.   EA

Anschließend hören sie den Lebenslauf mehrmals und ordnen dann in EA/PA den Jahreszahlen die einzelnen Stationen des Lebenslaufs zu. Danach hören KT den Text noch einmal, um ihre Ergebnisse zu überprüfen. Beim Vergleich im Plenum sammelt KL oder ein KT die Jahreszahlen und die Stationen des Lebenslaufs in der richtigen Anordnung an der Tafel oder auf OHP-Folie.   EA/PA   Plenum

b) KT lesen nun Kevins Lebenslauf und ergänzen in EA/PA die Lücken mit Hilfe der Angaben im Schüttelkasten.   EA/PA

Tipp   Anhand des Lebenslaufes von Kevin Wagner kann KL auf die Merkmale eines Lebenslaufs in Schriftform aufmerksam machen: *Passfoto, chronologische Anordnung der Daten, tabellarische Form.* Eine Vorlage für einen tabellarischen Lebenslauf findet sich in Übung 7, S. 174 im Übungsbuch.   Plenum

3

Lernziel   Wortschatz: Lebenslauf

Ablauf   KT lesen in EA den Lebenslauf und bringen die Infinitive in Klammern in die korrekten Verbformen (Präsens oder Perfekt). Vor der Besprechung im Plenum können KT ihre Ergebnisse zunächst in PA vergleichen und gegebenenfalls korrigieren.

EA

Plenum
PA

Tipp   **Erweiterung:** Zum Üben des Wortschatzes, den man für einen Lebenslauf benötigt, kann KL ein *Wechselspiel* (siehe unter Spiele) anbieten. KL bereitet einen tabellarischen Lebenslauf wie in Aufgabe 2b) vor und gestaltet pro Paar je eine Kopiervorlage A und B, auf denen jeweils andere Informationen aus dem Lebenslauf fehlen. Als Kopiervorlage kann der Lebenslauf aus Übung 7, S. 174 im Übungsbuch dienen. KT befragen sich dann in PA gegenseitig nach den Lücken im Lebenslauf: *Was hat … 1985 gemacht? Von wann bis wann hat … studiert? Was hat … studiert? Wann hat … geheiratet? War … arbeitslos? …*

PA

4

Lernziel   Schriftlicher Ausdruck; Mündliche Interaktion; Wortschatz: Lebenslauf

Ablauf   KT bereiten in EA/PA mit Hilfe der vorgegebenen Stichpunkte ein Interview vor, mit dem der Lebenslauf des Partners erfragt werden kann. KL geht von Gruppe zu Gruppe und gibt, wenn nötig, Hilfestellung. Anschließend werden die erarbeiteten Ergebnisse im Plenum an der Tafel oder auf OHP-Folie gesammelt.

EA/PA

Plenum

b) Jeder KT interviewt anhand des Fragenkatalogs seinen Partner und notiert die Antworten. Idealerweise sollten KT nicht ihren Sitznachbarn, sondern einen Partner, den sie noch nicht so gut kennen, befragen.

PA

c) Anschließend formulieren KT die Antworten in die 3. Person Singular um und stellen dann ihren Interviewpartner im Plenum vor.

EA
Plenum

Tipp   **Erweiterung:** Als Hausaufgabe verfasst jeder KT aus dem Lebenslauf seines Interviewpartners einen Text wie in Aufgabe 3.
Die Bildung von neuen Paaren kann auf folgende Weise angeregt werden: KL erstellt je nach Anzahl der KT zweiteilige Kartensets. Auf einer der Karten notiert er jeweils einen Fragesatz *(Wie heißen Sie? / Was sind Sie von Beruf?* usw.) und auf der anderen Karte steht jeweils die passende Antwort *(Ich heiße Martin Miller. / Ich bin Journalist von Beruf.).* KT ziehen eine Karte, lesen die Frage bzw. die Antwort und suchen den Partner, der ihre Karte ergänzt. Diejenigen KT, deren Karten ein passendes Frage-Antwort-Set bilden, arbeiten zusammen.

> Übungsbuch: S. 172–174, Übung 1–7

Kommen und gehen

S. 78 **1**

Lernziel Selektives Hörverstehen, Wortschatz: Uhrzeit (inoffizielle Zeitangabe)

Ablauf Vorentlastung: Zur Einführung der inoffiziellen Zeitangabe kann KL   Plenum
zunächst die offizielle Zeitangabe (vgl. Lektion 3), die Frage *Wann …?*
sowie die entsprechende Antwort *Um … Uhr.* wiederholen.
KT lesen zunächst die Sätze. Anschließend hören sie mehrmals den Hör-   EA/PA
text und kreuzen in EA/PA die richtige Uhrzeit an. KT können ihre
Lösungen überprüfen, indem sie den Text noch einmal hören.
KT vergleichen die beiden Zeitangaben:
- *10.30 Uhr: halb elf*
- *15.15 Uhr: Viertel nach drei*
- *19.45 Uhr: Viertel vor acht*
- *17.10 Uhr: zehn nach fünf*

KL macht darauf aufmerksam, dass Alex das Wort *Sonnabend* verwendet,
das in Leipzig wie auch in anderen nord- und mitteldeutschen Regionen
neben *Samstag* gebräuchlich ist.

S. 78 **2**

Lernziel Wortschatz: Uhrzeit (inoffizielle Zeitangabe)

Ablauf KT ergänzen mit Hilfe der Ergebnisse aus Aufgabe 1 und der Farbmar-   EA/PA
kierung *(nach/vor)* in der Uhr in EA/PA die Zeilen mit den Zeitangaben.
Bei der Besprechung greift KL noch einmal die Besonderheiten der inoffiziellen Zeitangabe *(Viertel, halb, nach, vor)* auf.

Tipp **Alternative:** Zum Üben der inoffiziellen Uhrzeit erstellt KL eine Uhr   Plenum
aus Pappe oder zeichnet eine Uhr an die Tafel bzw. auf OHP-Folie. Ein
KT stellt die Uhr bzw. zeichnet eine Uhrzeit ein und richtet dazu eine
Frage an einen anderen KT: *Wie viel Uhr ist es jetzt? – Es ist … Uhr.*
Erweiterung: KL stellt den KT weitere Fragen: *Wann beginnt die*   Plenum
Deutschstunde? Wann ist Pause? Wann kommen Sie ins Büro? Wann gehen
Sie nach Hause? KT befragen sich dann gegenseitig: *Wann kommst du*
nach Hause? usw.
Die Uhrzeiten können auch mit einem Wettkampfspiel geübt werden.
KL erstellt eine Liste mit offiziellen und inoffiziellen Zeitangaben (z. B.
fünf nach sieben, Viertel vor elf, 13.17 Uhr, 7.15 Uhr usw.). KT erhalten ein
oder mehrere Kärtchen, auf denen je eine Uhrzeit von der Liste des KL
vermerkt ist. KT lesen die Angabe auf ihrem Kärtchen. KL liest eine
Zeitangabe nach der anderen vor. Derjenige KT, der meint eine Uhrzeit
von seinem Kärtchen gehört zu haben, ruft „Stopp" und zeigt das Kärtchen. Dann liest er die entsprechende Uhrzeit laut vor. Stimmt die Zeitangabe auf dem Kärtchen mit jener, die KL vorgelesen hat, überein, gibt
KT sein Kärtchen ab. Andernfalls muss er es behalten und KL liest weiter. Alle KT, die ihr Kärtchen im ersten Durchgang abgelegt haben,
haben gewonnen.
KL kann den Wettkampfcharakter des Spiels verstärken, indem er auf
mehrere Kärtchen dieselben Uhrzeiten notiert, sodass immer der
schnellste KT gewinnt.

3

Lernziel	Wortschatz: Uhrzeit (inoffizielle Zeitangabe)
Ablauf	KT betrachten zunächst die dargestellten Uhrzeiten und befragen sich dann gegenseitig in PA oder im Plenum in Form einer Kettenübung: *Wie viel Uhr ist es? – Es ist … Uhr.*

PA/
Plenum

Tipp	**Erweiterung:** KL kann zusätzlich noch die Frage *Wie spät ist es?* einführen, die neben der Frage *Wie viel Uhr ist es?* verwendet wird. KT machen eine Kettenübung, indem sie sich mit Hilfe der vorgegebenen Uhrzeiten nach folgendem Muster befragen: *Was machen Sie/machst du um zehn nach fünf? – Um zehn nach fünf trinke ich Tee.* usw. KL kann die Beispielsätze an die Tafel bzw. auf OHP-Folie schreiben und dabei die unterschiedliche Position der Zeitangaben farbig markieren.

Plenum

4

Lernziel	Detailliertes Hörverstehen, Wortschatz: Uhrzeit (inoffizielle Zeitangabe)
Ablauf	KT hören den Text mehrmals und ordnen in EA/PA den Personen die korrekte Abfahrtszeit zu. Anschließend hören KT den Text noch einmal und überprüfen ihre Lösungen. Bei der Korrektur erinnert KL an die Ausnahme *ein Uhr* (statt *eins Uhr*).

EA/PA

Tipp	**Erweiterung:** Im Anschluss spielen KT ein *Wechselspiel* (siehe unter Spiele) mit einem Fahrplan der Bahn. KL bereitet einen Fahrplan der Bahn vor und gestaltet pro Paar je eine Kopiervorlage A und B, bei denen jeweils andere Abfahrtszeiten fehlen. KT befragen sich dann in PA nach den Lücken auf ihrem Fahrplan: *Wann fährt der IC 5339 nach Salzburg?* usw. Zur Wiederholung der Satzklammer kann KL mit folgenden Sätzen eine entsprechende Anzahl von Satzpuzzle à 15 Teile erstellen:

PA

Plenum

Peggy	fährt	um 23.20 Uhr	

Horst	möchte	um 12.30 Uhr	fahren

Kirsten	muss	um 13.00 Uhr	fahren

Dennis	ist	um 24.00 Uhr	gefahren

Die Uhrzeiten sollten jeweils auf einem farbigen Kärtchen notiert werden. KL teilt den Kurs in Kleingruppen. Die Gruppe, die das Satzpuzzle als Erste richtig gelegt hat, hat gewonnen. Nachdem KL die Sätze überprüft hat, liest ein KT aus dieser Gruppe die korrekte Satzfolge laut vor und die anderen Gruppen korrigieren ihre Sätze. KT können im Anschluss schriftlich weitere Sätze nach dem vorgegebenen Muster bilden.

Übungsbuch: S. 175–177, Übung 1–7

Hörtexte

Im Folgenden finden Sie die Transkriptionen der Hörtexte zu den Kursbuchlektionen 1 bis 6, die dort nicht abgedruckt sind.

Die entsprechenden Höraufgaben sind so angelegt, dass Ihre Lernenden die Texte dazu nicht benötigen. Es geht nicht darum, jedes Wort zu verstehen, sondern bestimmte Informationen herauszuhören. Sollte es doch einmal große Schwierigkeiten bei der Bewältigung einer Aufgabe geben, können die Transkriptionen natürlich weiterhelfen. Aber versuchen Sie es bitte zunächst ohne; der Lerneffekt bei Ihren Lernenden ist um einiges größer!

Lektion 1

S. 8/9 **Guten Tag**

1 a)
▷ Hallo!
◁ Hallo! Ja, was machst du denn hier? Ich habe dich ja lange nicht gesehen.
▷ Ich wohne doch jetzt in Wien. Und du?

d)
▷ Sind Sie die neue Kollegin?
◁ Ja, mein Name ist Krüger.
▷ Freut mich. Ich heiße Meier, Frank Meier.

f)
▷ … Und dann bis morgen! Schönen Abend noch.
◁ Danke, ebenfalls. Tschüs!

3 a)
▷ Wie heißen Sie bitte?
◁ Ich heiße Christian Hansen.

▷ Sind Sie Herr Bauer?
◁ Nein, mein Name ist Hansen.

▷ Woher kommen Sie?
◁ Ich komme aus Deutschland.

▷ Wo wohnen Sie?
◁ Ich wohne in Frankfurt.

▷ Wie heißt du?
◁ Ich heiße Philipp.

▷ Bist du Maria?
◁ Nein, ich heiße Nina.

▷ Woher kommst du?
◁ Ich komme aus Russland.

▷ Wo wohnst du?
◁ In Berlin.

Lektion 2

S. 20–23 **Bilder aus Deutschland**

7
1. Häuser
2. Züge
3. Straße
4. Schiffe
5. Auto
6. Fabrik
7. Busse
8. Städte

S. 24/25 **Eine Stadt, ein Dorf**

2

Herr Matthis	Mein Gott! Jetzt warte ich schon 20 Minuten und er kommt und kommt nicht! Der Bus ist so langsam! Die Straßen hier sind immer voll. Das ist eine Katastrophe! Frankfurt ist einfach zu groß. Morgen fahre ich mit dem Auto.

3

Frau Brandner	Wie ist denn das Eis?
Frau Preisinger	Mmmh, sehr gut. Bananeneis, und so groß!
Frau Brandner	Mein Kaffee ist leider kalt.
Frau Preisinger	Ach je. Ist denn wenigstens die Schokoladentorte gut?
Frau Brandner	Ja, die Torte ist echt gut. Ich glaube, ich esse noch eine und vielleicht nehme ich auch …

S. 26/27 **Die Stadt Frankfurt**

2

Herr Volz	Ja, grüß Gott, Herr Matthis!
Herr Matthis	Ah, guten Abend, Herr Volz!
Herr Volz	Ja was? Gehen Sie heute zu Fuß?
Herr Matthis	Natürlich, ich gehe ins Kino. Und Sie?
Herr Volz	Ich gehe heute Abend ins Restaurant.
Herr Matthis	Na, hier in der Stadt gibt es ja genug Restaurants. Guten Appetit wünsche ich Ihnen.
Herr Volz	Recht schönen Dank. Auf Wiedersehen!

S. 28/29 **In Köln**

1

Herr Schneider	Ach, guten Tag, Frau Steinmann.
Frau Steinmann	Hallo, Herr Schneider.
Herr Schneider	Na, wie geht's?
Frau Steinmann	Nicht so gut. Ich bin ganz nervös.
Herr Schneider	Nervös? Warum?
Frau Steinmann	Ich warte und warte, aber das Taxi kommt nicht.
Herr Schneider	Kein Taxi? Kein Problem. Ich habe ein Auto, ich fahre Sie.
Frau Steinmann	Ach ja? Das ist sehr nett. Vielen Dank!
Herr Schneider	Also kommen Sie, mein Auto steht da.

2

Martin Miller	Und jetzt noch ein paar Zahlen. Wie alt ist die Stadt Köln eigentlich?
Touristen-Information	Also, Köln ist jetzt 2000 Jahre alt.
Martin Miller	Und wie hoch ist die Kirche?
Touristen-Information	Der Kölner Dom? Der Dom ist 160 Meter hoch.
Martin Miller	Wow. Und noch eine Frage: Wie viele Menschen wohnen denn in Köln?
Touristen-Information	Hier wohnen ungefähr eine Million Menschen.
Martin Miller	Okay. Vielen Dank für das Interview.
Touristen-Information	Bitte, gern geschehen.

Lektion 3

S. 32–35 **Meine Familie und ich**

1 1.   20.00 Uhr. Nachrichten. Berlin: Der französische Staatspräsident ist heute zu einem Besuch eingetroffen. Er wurde vom Bundeskanzler am Berliner Flughafen empfangen.

2.   Hilfe! Hilfe!

3. Moderator   Meine Damen und Herren, und hier kommt schon unsere erste Kandidatin in der Familienshow „Meine Familie und ich". Wir begrüßen Frau Mainka. Herzlich willkommen, Frau Mainka!

Frau Mainka   Guten Tag!

Moderator   Frau Mainka, schön, dass Sie heute bei uns sind.

S. 38/39 **Montag, 9 Uhr, Studio 21**

4 b) Herr Spring   Guten Tag, mein Name ist Spring, ich bin der Produzent. Sie möchten also gerne bei „Meine Familie und ich" mitmachen.

Frau Mainka   Ja, sehr gern.

Herr Spring   Dann erzählen Sie doch etwas über Ihre Familie.

Frau Mainka   Ja, also, meine Familie und ich, wir wohnen in Dortmund. Meine Familie, das sind mein Mann Siegfried, meine Tochter Beate und mein Sohn Stefan. Mein Mann ist 38, Beate ist 10 und Stefan 8 Jahre alt.

Herr Spring   Aha, und was macht Ihr Mann?

Frau Mainka   Er ist Busfahrer. Sein Beruf ist sehr interessant. Er fährt Touristen durch Europa. Unsere Kinder gehen in Dortmund in die Schule. Sie gehen gern in die Schule. Und meine Mutter wohnt übrigens auch in Dortmund. Da bin ich …

Herr Spring   Ja gut, Frau Mainka. Haben Sie vielleicht auch ein Hobby?

Frau Mainka   Mein Hobby? Also Sport mache ich nicht, aber ich gehe gern ins Kino und ich höre gern Musik.

Herr Spring   Vielen Dank, Frau Mainka. Sie hören von uns.

5 b) Herr Spring   Also, du bist der Sebastian, stimmt's?

Sebastian Hahn   Ja.

Herr Spring   Du bist 11 Jahre alt, du gehst in die Schule, und Computerspiele sind dein Hobby. Stimmt's?

Sebastian Hahn   Ja.

Herr Spring   Schön. Deine Großmutter ist auch hier?

Sebastian Hahn   Ja.

Herr Spring   Und wer ist der Kandidat: du oder deine Großmutter?

Sebastian Hahn   Ich.

Herr Spring   Und wo sind deine Eltern?

Sebastian Hahn   Meine Eltern sind nicht da. Mein Vater ist in der Schweiz.

Herr Spring   Aha, in der Schweiz! Was macht er denn da?

Sebastian Hahn   Er arbeitet.

Herr Spring   Und was ist er von Beruf?

Sebastian Hahn   Weiß ich nicht.

Herr Spring   Und deine Mutter?

Sebastian Hahn   Meine Mutter arbeitet in einem Büro.

Herr Spring   Gut, Sebastian, du möchtest also bei „Meine Familie und ich" mitmachen?

Sebastian Hahn   Vielleicht. Kann ich dann ein Computerspiel haben?

Lektion 4

S. 49 **Eine Freiburgerin**

1   Katrin Berger   Wie lange ich schon in Freiburg bin? Ich wohne und studiere schon zwei Jahre hier. Meine Wohnung ist klein, aber ich bin zufrieden. Also, ich habe zum Beispiel eben keinen Fernseher. Aber das macht nichts. Dafür habe ich ein Telefon. Ich telefoniere doch so gern! Einen Computer habe ich auch, wie fast alle Studenten. Den Computer brauche ich unbedingt für mein Studium. Für mein Studium brauche ich auch viele Bücher. Ich lese viele Bücher, das mache ich gern. Nun gut, ein Auto habe ich nicht, aber in Freiburg brauche ich auch kein Auto. Ich fahre Fahrrad.

Lektion 5

S. 56/57 **Leute in Hamburg**

2   1.   Fahrgast   Guten Abend!
        Taxifahrer   Guten Abend! Bitte schön?
        Fahrgast   In die Goethestraße, bitte.
        Taxifahrer   So, hier ist es. Und welche Hausnummer?
        Fahrgast   Gleich hier an der Ecke, Nummer 12. – Wie viel macht das?
        Taxifahrer   8 Euro 20, bitte.
        Fahrgast   Bitte. Stimmt so.
        Taxifahrer   Danke. Auf Wiedersehen!
        Fahrgast   Auf Wiedersehen!

    2.   Kellner   Machst du mir noch eine Pizza, eine Tomatensuppe, ein Käse-Sandwich, Salat und Spiegeleier.
        Köchin   In Ordnung. Also zuerst die Suppe. Jetzt die Eier, ah ja, hier sind sie. Und nun die Pizza in den Ofen.

    3.   Arzt   Tut es hier weh?
        Patient   Au, ja.
        Arzt   Und hier auch?
        Patient   Ooh, ja.
        Arzt   Und wann sind die Schmerzen besonders stark?
        Patient   Vor allem nach dem Essen.
        Arzt   Tja, Herr Knolle, da hilft auch kein Medikament. Sie müssen einfach mehr auf Ihre Gesundheit achten und aufhören zu rauchen.

    4.   Kunde   Ich möchte gern ein Kilo Tomaten.
        Verkäuferin   Bitte schön.
        Kunde   Und von den Äpfeln hier.
        Verkäuferin   Auch ein Kilo?
        Kunde   Ja bitte.
        Verkäuferin   Sonst noch etwas?
        Kunde   Nein, danke. Das ist alles.
        Verkäuferin   Das macht dann 3 Euro 70.
        Kunde   Bitte.
        Verkäuferin   Und 30 zurück. Danke. Auf Wiedersehen!
        Kunde   Auf Wiedersehen!

S. 60/61   **Der Tag von Familie Raptis**

6   Kostas Raptis   Ich heiße Kostas Raptis und komme aus Griechenland, aber ich lebe schon viele Jahre in Deutschland. Von Beruf bin ich Arzt. Von Montag bis Freitag fahre ich morgens ins Krankenhaus. Ich bin den ganzen Tag dort und esse auch dort zu Mittag.

Unsere Kinder sind noch klein, deshalb arbeitet meine Frau Andrea nur abends. Dann komme ich nach Hause und meine Frau fährt in die Volkshochschule. Die Kinder und ich spielen noch ein bisschen. Dann bringe ich Lena und Jakob ins Bett.

Meine Arbeit ist anstrengend, aber interessant. Manchmal muss ich auch am Wochenende arbeiten, aber oft habe ich am Samstag und Sonntag Zeit für meine Familie. Ich spiele mit Lena und Jakob und gehe mit ihnen spazieren. Abends gehen Andrea und ich oft in ein Restaurant oder ins Kino.

Lektion 6

S. 68/69   **Ortstermin Leipzig**

3   Jens   Jens Marek.
Steffi   Hallo, Jens. Hier ist Steffi. Wie geht's?
Jens   Danke, gut. Dir auch?
Steffi   Ja, alles in Ordnung. Jens, du weißt schon: Wir müssen das Klassentreffen vorbereiten. Hast du am Freitag Zeit, so um 19.30 Uhr?
Jens   Moment, ich schaue schnell in meinen Terminkalender. Freitagabend … Ja, ich habe Zeit.
Steffi   Wunderbar. Kevin hat auch Zeit. Er bringt die Adressen mit.
Jens   Okay. Dann bis Freitag. Tschüs!
Steffi   Tschüs!

S. 72–74   **Treffpunkt Augustusplatz**

1 b)   Klassenkamerad   Da fehlen doch ein paar aus unserer Klasse. Wo ist denn Sascha?
Steffi   Sascha kann leider nicht kommen. Er ist gestern krank geworden.
Klassenkamerad   Und Elisabeth? Die ist auch nicht da.
Steffi   Ja, richtig. Elisabeth ist nach Erfurt gefahren. Ihre Großmutter hatte Geburtstag.
Klassenkameradin   Ist Tanja da? Ich habe sie noch nicht gesehen.
Steffi   Nein, Tanja ist nicht gekommen. Sie macht Urlaub. Sie ist nach Spanien geflogen.
Klassenkameradin   Und wo ist eigentlich Kevin, unser Organisator?
Steffi   Er ist schon ins Café gegangen. Er wartet dort.

9 b)   Fliegen? Fahren?
Planen, planen, planen – die Reise geplant.
Fahren! – Zug gefahren.
Gehen, zu Fuß gehen, spazieren gehen, gehen und sehen, sehen und gehen – gegangen und gesehen, gesehen und gegangen.
Sitzen! Endlich sitzen! Im Restaurant sitzen.
Und essen und trinken und lachen! Viel! lachen! Viel gelacht, getrunken, gut gegessen, gesessen.
Zahlen bitte! Gezahlt, gegangen, gefahren – zu Hause! Schön!

S. 76/77 Jahrgang „19 hundert 72"

2 a) | Kevin Wagner | Ich bin 1972 in Leipzig geboren. Dort bin ich auch von 1978 bis 1990 in die Schule gegangen. Das Jahr 1989 war interessant. Da gab es die Montagsdemonstrationen in Leipzig. Ich habe auch demonstriert! 1990 habe ich Abitur gemacht und dann bis 1994 an der Musikhochschule Gitarre und Klavier studiert. Danach habe ich bis 1995 keine Arbeit gehabt. Seit 1995 arbeite ich als Gitarrist und Texter für die Band „Niemand ist perfekt". Und 1998 habe ich meine Claudia geheiratet. Jetzt ist mein Leben wirklich perfekt!

S. 78 Kommen und gehen

1

1. | Alex | Hallo Steffi! Hier spricht Alex. Ich komme vormittags so gegen halb elf. Also, bis Sonnabend!

2. | Jutta | Hallo Steffi! Hier ist Jutta. Ich kann erst um Viertel nach drei am Treffpunkt sein. Wartet ihr bitte? Danke, tschüs!

3. | Lutz | Hallo Steffi! Hier spricht Lutz. Ich komme erst heute Abend, so um Viertel vor acht. Ich treffe euch dann in der Gosenschenke. Bis heute Abend!

4. | Mandy | Hallo Steffi! Hier ist Mandy. Der Zug hat Verspätung. Ich bin um zehn nach fünf im Café. Hoffentlich seid ihr dann noch da. Bis später, tschüs!

4

1. Peggy fährt abends um zwanzig nach elf.

2. Horst fliegt am Sonntag um halb eins.

3. Kirsten nimmt den Bus nach Dresden mittags um eins.

4. Dennis nimmt um zwölf Uhr nachts den Zug nach Hamburg.

Lösungen

Im Folgenden finden Sie die Lösungen zu den Aufgaben der Kursbuchlektionen 1 bis 6. Wo möglich und sinnvoll, ist eine eindeutige Lösung angegeben. Bei freieren Aufgaben sind für Sie einige Lösungsvorschläge (*Mögliche Lösungen*) zusammengestellt; oft gibt es natürlich noch mehr bzw. auch andere Möglichkeiten, die Sie mit Ihren Lernenden sicher entdecken. Die Lösungsvorschläge können Ihnen außerdem eine Hilfestellung dahin gehend bieten, wie die Aufgaben zu verstehen und zu bearbeiten sind und was Sie auf dem jeweiligen Kenntnisstand von Ihren Lernenden erwarten können.

Lektion 1

S. 8/9 **Guten Tag**

1 a • d • f
4 a) 1 • 4 • 2 • 3
b) 3 • 1 • 2
c) 4 • 3 • 1 • 2
d) 1 • 3 • 2

S. 10/11 **Die Welt**

2 Asien • Afrika • Amerika • Australien
5 China – Asien • Dänemark – Europa • Ecuador – Amerika • Frankreich – Europa • Großbritannien – Europa • Honduras – Amerika • Indien – Asien • Japan – Asien • Kenia – Afrika • Luxemburg – Europa • Marokko – Afrika • Norwegen – Europa • Oman – Asien • Polen – Europa • Russland – Europa/Asien • Spanien – Europa • Tunesien – Afrika • Ungarn – Europa • Vietnam – Asien • Zypern – Europa/Asien
6 *Mögliche Lösungen:* Tee aus Japan • Kaffee aus Ecuador, aus Honduras • Autos aus Japan, aus Frankreich • Fotoapparate aus Deutschland, aus Japan • Wein aus Ungarn, aus Spanien • Tomaten aus Frankreich, aus Italien • Computer aus Amerika, aus Japan • Schokolade aus Belgien • Bier aus Deutschland, aus Österreich • Bananen aus Ecuador, aus Honduras • Zucker aus Indien, aus Argentinien • Zitronen aus Portugal, aus Spanien
7 b) *Mögliche Lösungen:* 4. Kaffee aus Honduras 5. Wein aus Ungarn 6. Zitronen aus Portugal

S. 12 **Mitten in Europa**

2 a) Aus Kopenhagen. • In Deutschland. • Nach Wien.
b) *Mögliche Lösungen:* Der Zug kommt aus Frankfurt und fährt nach Berlin. • Der Zug kommt aus Paris und fährt nach Wien. • Der Zug kommt aus Prag und fährt nach Brüssel.
3 b) 2. Ich komme aus Luxemburg. 3. Ich wohne in Berlin. 4. Der EC fährt nach Kopenhagen. 5. Sind Sie Herr Hansen? 6. Woher kommst du?

S. 13–15 **Ein Zug in Deutschland**

1 a) 2. f
b) 1. r 2. f
c) 1. r 2. f
2 Er arbeitet in Deutschland. • Sie reist sehr viel. • Sie fahren nach Süddeutschland.
3 Wer reist viel? – Martin Miller und Frau Mohr reisen viel. • Wer arbeitet in Deutschland? – Martin Miller arbeitet in Deutschland. • Wer kommt aus Australien? – Martin Miller kommt aus Australien. • Wer schläft? – Frau Schmidt schläft. • Wer schläft nicht? – Lisa und Tobias schlafen nicht. • Wer fährt nach Köln? – Marlene Steinmann fährt nach Köln. • Wer macht Urlaub? – Frau Schmidt, Lisa und Tobias machen Urlaub. • Wer kommt aus Dortmund? – Frau Schmidt kommt aus Dortmund.
4 Lisa und Tobias wohnen in Dortmund. • Herr Miller fährt nach Leipzig. • Frau Schmidt schläft. • Anna und Thomas fahren nach Süddeutschland. • Lisa und Tobias schlafen nicht.

5 2. spielt, schläft 3. spielen, schlafen 4. reist, fährt 5. lernt, versteht 6. fahren, machen.

6 b) 1. lernen – lesen – hier – mitten – Marokko – Polen – du – Zucker 2. liegen – und – hallo – Tee – wo

7 München • Bremen • Polen • München • Wien

8 kommen: ich komme, wir kommen, du kommst, ihr kommt • **fahren:** wir fahren, ihr fahrt

9 *Mögliche Lösungen:* Ich heiße Marlene. • Arbeitest du in Österreich? • Er macht Urlaub. • Kommt ihr aus Genf? • Sie lernt Deutsch. • Wir wohnen in Leipzig. • Kommen Sie aus Deutschland? • Fahrt ihr nach Japan?

S. 16/17 Auf Wiedersehen

B 1. 14 2. 56 3. 67 4. 90

1 (Sandhofstraße) 12 • 28309 (Bremen) • 28309 (Bremen) • 04 21/41 94 88 • 41 94 88

2 a) Wie ist deine Adresse? • Wie ist deine Telefonnummer?

b) 1. Wie heißt du? – Ich heiße ... 2. Wie ist Ihre Adresse? / Wie ist deine Adresse? – Meine Adresse ist ... 3. Wo wohnen Sie? / Wo wohnst du? – Ich wohne in ... 4. Wie ist Ihre Telefonnummer? / Wie ist deine Telefonnummer? – Meine Telefonnummer ist ...

S. 18 Im Deutschkurs

1 reisen • fahren • schlafen • wohnen

2 Ich spreche. • Ich lese. • Ich schreibe.

3 Schreiben Sie. • Fragen Sie.

4 Ordnen Sie bitte. • Bitte kombinieren Sie. • Sprechen Sie. • Hören Sie bitte. • Lernen Sie. • Bitte schreiben Sie. • Buchstabieren Sie. • Bitte lesen Sie. • Antworten Sie bitte. • Fragen Sie.

Lektion 2

S. 20–23 Bilder aus Deutschland

1 b) 1. Rostock 2. Ruhrgebiet 4. Frankfurt 5. Oberstdorf

2 ein Bahnhof, der Bahnhof • eine Kirche • eine Autobahn, die Autobahn • ein Schiff, das Schiff • ein Dorf, das Dorf

3 2. Das ist ein Auto. Das Auto fährt nach Berlin. 3. Das ist ein Berg. Der Berg liegt in Süddeutschland. 4. Das ist ein Hafen. Der Hafen ist in Norddeutschland. 5. Das ist eine Fabrik. Die Fabrik liegt im Ruhrgebiet. 6. Das ist eine Kirche. Die Kirche ist schon alt. 7. Das ist ein Lastwagen. Der Lastwagen fährt nach Italien.

4 2D • 3C • 4F • 5A • 6E

5 unbestimmter Artikel: eine Straße – Straßen, ein Dorf – Dörfer • **bestimmter Artikel:** der Platz – die Plätze, die Straße – die Straßen, das Dorf – die Dörfer

6 unbestimmt: eine Kirche, ein Haus, – Plätze • **bestimmt:** der Berg, das Haus, die Plätze

7 1. • 2. • 4. • 7. • 8.

8 1. K[i]rche – B[e]rge – B[a]hnhof – L[a]stwagen – S[ü]ddeutschland 2. Restaur[a]nt – Alphab[e]t – Fabr[i]k – Situati[o]n

S. 24/25 Eine Stadt, ein Dorf

1 *Mögliche Lösungen:* **Andreas Matthis in Frankfurt:** Der Bus kommt nicht. Er wartet schon 20 Minuten. Warum? Die Straßen hier sind sehr voll. In Frankfurt fahren viele Autos. • **Moritz, Jan und Florian, Anna Brandner und Sandra Preisinger im Café:** Sie trinken Kaffee. Sie essen Eis und Schokoladentorte. Die Kinder spielen Fußball. Die Straße ist der Fußballplatz.

2 1. langsam 2. voll 3. groß

3 1. groß 2. kalt 3. gut

4 a) *Mögliche Lösungen:* **der Tee:** schlecht, gut • **das Eis:** schlecht, gut, klein, groß • **der Zug:** groß, klein, leer, voll, schnell, langsam • **die Stadt:** klein, groß • **die Straßen:** klein, groß, leer, voll

b) *Mögliche Lösungen:* Ist das Eis groß? – Nein, das Eis ist nicht groß. Es ist klein. • Ist der Tee heiß? – Nein, der Tee ist nicht heiß. Er ist kalt. • Sind die Straßen voll? – Nein, die Straßen sind nicht voll. Sie sind leer. • Ist die Stadt groß? – Nein, die Stadt ist nicht groß. Sie ist klein.

5 2. der Z[u]g – der Schn[e]llzug 3. ein K[a]ffee – ein [Ei]skaffee 4. eine T[o]rte – eine Schokol[a]dentorte 5. die St[a]dt – die Gr[o]ßstadt – die Kl[ei]nstadt – die [A]ltstadt 6. ein [Ei]s – ein Ban[a]neneis – ein Zitr[o]neneis – ein Schokol[a]deneis

S. 26/27 ## Die Stadt Frankfurt

2 im Zentrum

3 **Nomen:** kein Bus, kein Kino • **Verben:** Die Menschen arbeiten nicht hier.

5 *Mögliche Lösungen:* Ich glaube, da sind viele Banken. – Da sind keine Banken. • Ich glaube, da ist eine Universität. – Da ist keine Universität. • Ich glaube, da ist ein Museum. – Da ist kein Museum.

S. 28/29 ## In Köln

1 1. Nicht so gut. 2. Das Taxi kommt nicht. 3. Das ist sehr nett. Vielen Dank!

B a) 2 111 b) 54 000 c) 313 d) 101 000

C b) 599 c) 347 d) 3 798 e) 87 916 f) 2 323

2 2 000 • 160 • 1 Million

3 a) 2. Touristen-Information (D) 3. Frankenplatz (C) 4. Museen (E) 5. Hauptbahnhof (B), Rhein (F)

4 2. Wie hoch ist der Messeturm in Frankfurt? – Der Messeturm ist 256 Meter hoch. 3. Wie alt ist das Rathaus in Köln? – Das Rathaus ist 670 Jahre alt. 4. Wie alt ist die Stadt Rostock? – Die Stadt Rostock ist 780 Jahre alt. 5. Wie viele Menschen wohnen in Frankfurt? – In Frankfurt wohnen 650 000 Menschen. 6. Wie viele Menschen wohnen in Oberstdorf? – In Oberstdorf wohnen 10 500 Menschen.

S. 30 ## Im Deutschkurs

1 der Radiergummi • der Bleistift • das Buch • das Blatt Papier • das Heft

3 1. Bitte wiederholen Sie. Ich verstehe nicht, bitte langsam. 2. Entschuldigung, ich habe eine Frage. Bitte noch einmal. Ich weiß nicht.

Lektion 3

S. 32–35 ## Meine Familie und ich

1 Krimi: 2. Nachrichten: 1. Meine Familie und ich: 3.

3 Wie ist Ihr Name bitte? – Ich heiße Mainka. • Und (wie ist) Ihr Vorname? – Irene. • Wie alt sind Sie? – Ich bin 34 Jahre alt. • Was sind Sie von Beruf? – Ich bin Krankenschwester.

4 b) 2. f 3. f 4. f 5. r 6. f

5 2D • 3B • 4A

6 1. Länder – (sie) schläft – (du) fährst 2. hören – (ich) möchte – Söhne – nervös 3. Züge – Brüssel – Bücher – Süddeutschland

7 Wie alt sind Sie? • Was sind Sie von Beruf? • Sind Sie verheiratet? • Haben Sie Kinder? • Wie alt sind Ihre Kinder?

8 **ich:** mein Name, meine Familie, meine Kinder • **du:** deine Kinder • **Sie:** Ihr Name, Ihre Kinder

S. 36 Die Hobbys von Frau Mainka

2 *Mögliche Lösungen:* Ich reise gern. • Ich spiele gern Gitarre. • Ich lerne gern Deutsch. • Ich mache gern Sport. • Ich singe gern.

3 Ich spiele gern Tennis.

4 *Mögliche Lösungen:* Ich spiele nie Tennis. • Ich spiele selten Gitarre. • Ich reise manchmal. • Ich esse oft Eis. • Ich höre immer Musik.

S. 38/39 Montag, 9 Uhr, Studio 21

1 **b)** Um 10 Uhr 30 ist Herr Wunderlich dran. • Um 11 Uhr ist Frau Braun dran. • Um 11 Uhr 30 ist Herr Kowalski dran. • Um 12 Uhr ist Pause. • Um 12 Uhr 45 ist Sebastian Hahn dran. • Um 13 Uhr 15 ist Familie Troll dran. • Um 13 Uhr 55 sind Herr und Frau Franke dran.

2 findet statt • ist da • möchte wissen

3 3. fängt an 4. sind dran 5. bin da

4 **b)** 2. 38 3. Busfahrer 4. gern 5. auch 6. Musik

5 **b)** 2. r 3. f 4. r 5. f 6. r

6 Ihre Mutter • Sein Vater • Seine Großmutter

7 *Mögliche Lösungen:* 1. Ihr Mann heißt Siegfried und ist 38 Jahre alt. Er ist Busfahrer von Beruf. Sein Beruf ist sehr interessant. Ihre Tochter Beate ist 10 Jahre alt und ihr Sohn Stefan ist 8 Jahre alt. Ihre Kinder gehen gern in die Schule. Ihre Mutter wohnt auch in Dortmund. Ihr Hobby ist Musik hören.
2. Sebastian ist elf Jahre alt und geht in die Schule. Sein Hobby sind Computerspiele. Seine Eltern sind nicht da, aber seine Großmutter ist hier. Sebastian möchte ein Computerspiel haben.

S. 40/41 Ein Brief aus Tübingen

2 **a)** Therese • Theodor • Thomas • Tanja • Torsten • Tina • Toni
b) *Mögliche Lösungen:* Tina ist die Tante von Thomas, Tanja und Torsten und die Frau von Toni. • Therese ist die Mutter von Tanja, Torsten und Thomas und die Frau von Theodor. • Toni ist der Onkel von Thomas, Tanja und Torsten und der Mann von Tina. • Theodor ist der Mann von Therese und der Vater von Thomas, Tanja und Torsten. • Tanja ist die Tochter von Therese und Theodor und die Schwester von Thomas und Torsten. • Tristan ist der Hund und Tiramisu ist die Katze von Familie Troll.

3 der Bruder und die Schwester • die Tante und der Onkel • der Mann und die Frau • die Tochter und der Sohn • der Vater und die Mutter • die Eltern: Vater und Mutter • die Geschwister: Bruder und Schwester • die Kinder: Tochter und Sohn

4 2. sein, ihr, sein

5 **wir:** unser Hund, unser Lied, unsere Eltern • **ihr:** euer Lied • **sie:** ihre Melodie

6 **a)** Torsten • Tanja • Thomas • Ihr • ihre • ihr • ihr • ihre • Tiramisu • ihr • Tristan
b) Unsere Kinder heißen Torsten, Tanja und Thomas. Unser Sohn Torsten spielt Klavier, unsere Tochter spielt Flöte und unser Sohn Thomas singt. Die Musik ist ihr Hobby. Wir haben auch zwei Haustiere: Unsere Katze heißt Tiramisu und unser Hund heißt Tristan.

S. 42 Im Deutschkurs

1 2. s[i]ngen – m[i]tsingen 3. sp[ie]len – m[i]tspielen 4. spr[e]chen – n[a]chsprechen 5. l[e]sen – v[o]rlesen 6. br[i]ngen – m[i]tbringen

2 1. Fangen Sie an? – Ja, ich fange an. / Machen Sie mit? – Ja, ich mache mit. / Singen Sie mit? – Ja, ich singe mit. 2. Möchten Sie anfangen? – Ja, ich möchte anfangen. / Möchten Sie mitmachen? – Ja, ich möchte mitmachen. / Möchten Sie mitsingen? – Ja, ich möchte mitsingen.

3 **a)** Am Mittwoch ist Deutschkurs. • Am Donnerstag spielt er Fußball. • Am Samstag geht er ins Kino.
b) Um 9 Uhr ist Deutschkurs. • Um 17 Uhr spielt er Fußball. • Um 19 Uhr geht er ins Kino.

Lektion 4

S. 44/45 ## Der Münsterplatz in Freiburg

1 **Wer:** die Marktfrau, das Kind, der Mann, die Frau • **Was:** das Obst, das Café, das Gemüse, der Marktstand, das Münster

2 2. Die Kellnerin bringt einen Kaffee. 3. Ein Mann liest ein Buch. 4. Die Marktfrau verkauft Obst und Gemüse 5. Das Kind isst ein Eis. 6. Marlene Steinmann fotografiert den Münsterplatz.

S. 46–48 ## Foto-Objekte

1 **b)** Familie Daume macht in Freiburg Urlaub.

2 *Mögliche Lösungen:* ein Souvenir kaufen • ein Sandwich essen, kaufen • einen Stadtplan kaufen • einen Kaffee trinken, kaufen • den Münsterturm fotografieren • ein Eis essen, kaufen • die Menschen beobachten, fotografieren

3 2. Die Marktfrau 3. fotografiert 4. Timo / Er 5. einen Kaffee 6. Eine Frau 7. Ein Mann 8. einen Mann

4 eine Frau • ein Eis • – Restaurants • die Zeitung • das Münster-Café • die Menschen in Freiburg

5 **a)** Es gibt eine Universität, einen Fußballplatz, Kaufhäuser, Cafés, einen Souvenirladen, einen Bahnhof, das Münster.

   b) *Mögliche Lösungen:* Ich kaufe eine Zeitung. • Ich esse ein Eis. • Ich fotografiere das Münster. • Ich trinke einen Kaffee.

7 3. was? 4. was? 5. was? 6. wen? 7. was? 8. was?

8 Was fotografiert Timo?

9 2. Wen 3. Was 4. Was 5. Was 6. Wen

S. 49 ## Eine Freiburgerin

1 2. r 3. r 4. r 5. f 6. r

2 keine • kein • keine

3 *Mögliche Lösungen:* Hast du ein Wörterbuch? – Ja, ich brauche das Wörterbuch. • Haben Sie Probleme? – Nein, ich habe keine Probleme. • Möchtest du Urlaub haben? – Ja, ich möchte Urlaub haben. • Haben Sie Zeit? – Nein, ich habe keine Zeit. • Haben Sie Kinder? – Nein, ich habe keine Kinder. • Möchten Sie Kinder haben? – Ja!

S. 50/51 ## Das Münster-Café

1 5 • 4 • 2 • 7 • 1 • 6 • 3

2 Peter Egli • Rita Egli • Kellnerin • Rita Egli • Peter Egli • Rita Egli • Peter Egli • Kellnerin • Rita Egli • Peter Egli • Kellnerin

3 Ich möchte … • Ich esse … • Ich nehme … • Ich hätte gern …

4 **nehmen:** ich nehme, du nimmst, wir nehmen, sie/Sie nehmen • **essen:** ich esse

5 **a)** fünfzehn Euro zwanzig

   b) 4 • 2 • 6 • 5 • 1 • 3

S. 52/53 ## Am Samstag arbeiten?

1 2. r 3. f 4. r 5. r

2 **b)** **der Supermarkt:** Butter, Honig, Salat, Eier, Orangensaft, Milch • **der Schreibwarenladen:** Zeitung • **die Bäckerei:** Brot

   c) **der Supermarkt:** Hier kann sie Butter, Honig, Salat, Eier, Orangensaft und Milch kaufen. • **der Schreibwarenladen:** Hier kann sie die / eine Zeitung kaufen. • **die Bäckerei:** Hier kann sie Brot kaufen.

3 2. kann 3. kann, kann nicht 4. können, können nicht 5. kann 6. können noch nicht

4 **müssen:** er/sie/es muss, sie/Sie müssen • **können:** er/sie/es kann, sie/Sie können

5 a) *Mögliche Lösungen:* Die Fotografin muss viel reisen. • Der Journalist muss viel schreiben. • Kinder können gut Fahrrad fahren. • Kinder können nicht Auto fahren. • Die Studentin muss nicht in die Schule gehen.

b) *Mögliche Lösungen:* Ich kann Fahrrad fahren. • Ich muss viel schreiben. • Ich kann nicht Auto fahren.

S. 54 Im Deutschkurs

2 er/sie/es/man buchstabiert • er/sie/es/man sagt

3 2. man 3. Er 4. Es 5. man 6. sie

Lektion 5

S. 56/57 Leute in Hamburg

1 2. Deutschlehrerin 3. Arzt 4. Verkäuferin, Rentnerin 5. Koch

2 1. Taxifahrer 2. Köchin 3. Arzt 4. Verkäuferin

3 **ein Mann:** der Verkäufer, der Journalist • **eine Frau:** die Lehrerin, die Fotografin, die Köchin

4 2. Rentnerin 3. Fotografin 4. Busfahrer 5. Hausfrau 6. Kellnerin

S. 58/59 Ein Stadtspaziergang

2 eine Kirche • den Hafen

3 2. r 3. r 4. r 5. f 6. f

4 2E • 3A • 4F • 5B • 6D

5 in ein Café gehen • in die Touristen-Information gehen • auf den Stadtplan schauen • ins Zentrum fahren • auf Häuser schauen

6 in die Fußgängerzone • in das Hotel • in ein Hotel • auf Straßen

7 2. Ich gehe in die Touristen-Information. 3. Ich steige auf den Kirchturm. 4. Ich gehe in den Deutschkurs. 5. Ich gehe in ein Kaufhaus. 6. Ich gehe auf den Markt.

S. 60/61 Der Tag von Familie Raptis

1 b) Tageszeit: mittags, nachmittags, abends • **Mahlzeit:** frühstücken, zu Abend essen

2 Andrea: den Haushalt machen, meinen Unterricht planen • **Lena und Jakob:** ihre Freunde treffen, in den Kindergarten gehen • **Kostas:** ins Krankenhaus fahren, die Kinder ins Bett bringen

3 meinen Mann

4 2. ihren, ihre 3. seine 4. ihren 5. ihre 6. seine

5 a) *Mögliche Lösungen:* 1. **Lena und Jakob:** Wir frühstücken. Dann gehen wir in den Kindergarten. Dort treffen wir unsere Freunde. Mittags essen wir zu Mittag. Nachmittags hat unsere Mutter Zeit. Wir spielen, wir gehen spazieren oder besuchen unsere Nachbarn. Abends ist unser Vater zu Hause. Wir essen zusammen zu Abend und dann bringt unser Vater uns ins Bett. 2. **Kostas:** Dann fahre ich ins Krankenhaus. Ich bin Arzt und mein Beruf ist sehr anstrengend. Abends essen meine Kinder und ich zusammen zu Abend, dann bringe ich die Kinder ins Bett.

6 1. Griechenland 2. von Montag bis Freitag und manchmal auch am Wochenende 3. anstrengend 4. oft

S. 62/63 **Früher und heute**

1 b) heute • heute • früher • früher • heute

2 **sein:** ich war, er/sie/es war, sie/Sie waren • **haben:** ich hatte, er/sie/es hatte, sie/Sie hatten • **es gibt:** es gab

3 hatten • gab • hatte • gab • bin • habe • bin • waren • sind • hatte • hat

4 *Mögliche Lösungen:* Früher hatte ich ein Haustier. • Früher hatte ich keinen Computer. • Früher hatte ich Zeit. • Früher hatte ich kein Deutschbuch.

5 Nein, natürlich nicht. • Nein, ich komme aus Australien. • Doch, aber früher gab es dort immer Zeit für Gespräche.

S. 64/65 **Eine Spezialität aus Hamburg**

1 a) der Löffel

b) **Lebensmittel:** der Essig, das Öl, das Salz, der Pfeffer, der Aal, die Karotte, der Lauch, das Trockenobst, die Kräuter • **keine Lebensmittel:** das Messer, die Gabel, der Teller

2 b) Aalsuppe

3 *Mögliche Lösungen:* **den Fisch:** klein schneiden, pfeffern, kochen, braten • **die Kartoffeln:** waschen, klein schneiden, schälen, salzen, pfeffern, kochen, braten • **das Gemüse:** waschen, klein schneiden, schälen, salzen, pfeffern, kochen, braten • **das Fleisch:** waschen, klein schneiden, salzen, pfeffern, kochen, braten • **das Obst:** waschen, klein schneiden, schälen, kochen, braten

4 sie • es • sie

S. 66 **Jetzt kennen Sie Leute in Hamburg!**

1 2B • 3A • 4C

2 **Person:** wen • **keine Person:** wofür, was

4 dich • uns • euch

Lektion 6

S. 68/69 **Ortstermin Leipzig**

1 1. Das Abitur liegt 10 Jahre zurück. 2. Das Klassentreffen findet in Leipzig statt. 3. Die Klasse macht einen Stadtspaziergang. 4. Der Treffpunkt heißt Augustusplatz. 5. Es gibt um 16 Uhr eine Kaffeepause. 6. Sie gehen in die Gosenschenke und feiern mit Essen, Trinken und Musik.

2 1D • 2B • 3C

3 1. Jens und Steffi telefonieren. 2. Sie müssen das Klassentreffen vorbereiten. 3. Am Freitag um 19.30 Uhr haben alle Zeit.

S. 70/71 **Das Klassentreffen**

1 b) 2. r 3 f 4. r 5. f 6. f

2 sagen • planen • haben • lachen • geben • finden • trinken • essen • sitzen

3 haben geplant • hat getrunken • hat gegessen • haben gelacht

4 *Mögliche Lösungen:* Ich habe gestern viel Kaffee getrunken. • Ich habe gestern viel gelacht. • Ich habe gestern meinen Urlaub geplant. • Ich habe gestern im Restaurant gesessen und gut gegessen.

S. 72–74 **Treffpunkt Augustusplatz**

1 a) A: krank werden • B: nach Erfurt fahren • C: fliegen • D: gehen

b) 1. Sascha 2. Elisabeth 3. Tanja 4. Kevin

2 b) ist • hat • ist • ist • hat

3 **Verben mit *haben*:** gefeiert – feiern, getroffen – treffen, gesehen – sehen • **Verben mit *sein*:** geblieben – bleiben, gefahren – fahren, gewesen – sein

4 **Perfekt mit** *haben:* habe, hat, habt • **Perfekt mit** *sein:* sind, bist, ist

5 **a)** *Mögliche Lösungen:* Elisabeth ist in Erfurt geblieben. • Sascha und Elisabeth sind nicht nach Leipzig gekommen. • Elisabeth hat Freunde getroffen.

b) *Mögliche Lösungen:* Letzte Woche habe ich Freunde getroffen. – Ich habe letzte Woche keine Freunde getroffen. Ich habe viel gearbeitet. • Im Jahr 2000 habe ich keinen Urlaub gemacht. – Ich habe (schon) Urlaub gemacht, ich bin nach Italien gefahren. • Letzte Woche habe ich viel gearbeitet. – Ich auch.

6 **gesagt:** gelacht, gefeiert, geplant, gemacht • **getrunken:** gefunden, gesehen, gegessen, gegangen, gewesen, gegeben, getroffen, gesessen, geblieben, geworden, gefahren

7 **regelmäßig:** gehabt, geplant, gearbeitet • **unregelmäßig:** gefahren, geworden, gewesen

8 Heute trinke ich nicht. – Gestern hast du auch nicht getrunken. • Heute feiere ich nicht. – Gestern hast du auch nicht gefeiert. • Heute fahre ich nicht Fahrrad. – Gestern bist du auch nicht Fahrrad gefahren. • Heute bleibe ich nicht zu Hause. – Gestern bist du auch nicht zu Hause geblieben.

S. 75 Stadtspaziergang durch Leipzig

1 2A • 3C • 4B

2 **a)** *Mögliche Lösungen:* Cafés, Restaurants, Menschen • teuer, schön • einkaufen, Kaffee trinken, essen

b) *Mögliche Lösung:* Das ist eine Einkaufs-Passage in Leipzig. Hier gibt es viele Geschäfte, Cafés und Restaurants. Viele Menschen kaufen dort ein und gehen spazieren. Die Geschäfte sind sehr elegant und teuer. Man kann dort auch Kaffee trinken oder etwas essen.

S. 76/77 Jahrgang „19 hundert 72"

1 2. neunzehnhundertneunundachtzig 3. fünfzehnhundertacht 4. zweitausendzehn 5. zweitausendfünfunddreißig

2 **a)** von 1978 bis 1990 in die Schule gegangen • 1989 demonstriert • 1990 Abitur gemacht • bis 1994 Gitarre und Klavier studiert • bis 1995 keine Arbeit gehabt • 1998 Claudia geheiratet

b) Schule • von 1982 bis 1990 • Abitur • Studium • arbeitslos • Heirat

3 ist gegangen • hat gemacht • hat gehabt • gefunden • ist • hat getroffen • haben geheiratet • haben • ist • bleibt • arbeitet

4 **a)** *Mögliche Lösungen:* 2. Wann und wo sind Sie in die Schule gegangen? 3. Von wann bis wann haben Sie studiert? Was haben Sie studiert? Wo haben Sie studiert? 4. Sind Sie arbeitslos gewesen? Von wann bis wann sind Sie arbeitslos gewesen? 5. Wann haben Sie gearbeitet? Was haben Sie gearbeitet? 6. Wann sind Sie nach Deutschland gekommen? / Wann sind Sie in Deutschland gewesen? 7. Wann haben Sie geheiratet?

S. 78 Kommen und gehen

1 1. halb elf 2. Viertel nach drei 3. Viertel vor acht 4. zehn nach fünf

2 Viertel nach • zwanzig nach • zehn nach halb • Viertel vor • zehn vor

3 Es ist fünf vor vier. • Es ist halb zwei. • Es ist zwanzig vor zehn. / Es ist zehn nach halb zehn. • Es ist fünf nach halb sechs. • Es ist kurz vor elf.

4 1B • 2C • 3A • 4D

Sprachenlernen ist immer auch soziales Lernen. Spiele bieten hier die Möglichkeit, Strukturen und Fertigkeiten in einer annähernd authentischen Situation auszuprobieren und somit die eigene Sprachkompetenz zu verbessern. Sie können auf jedem Kenntnisstand eingesetzt werden.

Die in dieser Sammlung vorgestellten Spiele verstehen sich als eigenständige Aktivitäten, deren Durchführung im Unterricht je nach Kursstärke und Kenntnisstand meist etwas mehr Zeit beansprucht. Alle Spiele sind flexibel zu verschiedenen Zeitpunkten im Kurs einsetzbar und nicht an eine bestimmte Lektion gebunden. Die Beschreibung der Spiele wurde deshalb möglichst allgemein gehalten, sodass KL den Spielverlauf nach Bedarf variieren und anpassen kann.

Alphabetisches Register

Systematisches Register

1   1-2-3-Plumps

Lernziel	Wortschatz: Zahlen von 1 bis 100
Sozialform	Plenum
Material	–
Spielverlauf	Das Spiel ist eine Kettenübung, bei der alle KT der Reihe nach die Zahlen von 1 bis 100 durchzählen müssen. Zu beachten ist, dass jede Zahl, die eine VIER beinhaltet (z. B. 4, 14, 24, 34, 40 usw.) oder sich durch VIER dividieren lässt (z. B. 4, 8, 12, 16, 20, 24, 28 usw.), durch das Wort „Plumps" ersetzt werden muss. Wer eine falsche Zahl durch „Plumps" ersetzt oder fälschlicherweise eine Zahl nennt, die VIER beinhaltet oder durch VIER teilbar ist, scheidet aus. Gewonnen hat der KT, der am Ende noch übrig bleibt.

2   Zahlenbingo

Lernziel	Wortschatz: Zahlen
Sozialform	Einzelarbeit, Plenum
Material	Ca. 10–12 Zettel mit je einer Zahl aus einem begrenzten Zahlenraum (z. B. 300 bis 400 oder 950 bis 1 000) in einer Schachtel; Arbeitsblätter, die aus einem Raster von 20 leeren Kästchen bestehen.
Spielverlauf	Jeder KT füllt sein Bingo-Raster in EA mit beliebigen Zahlen aus dem vorgegebenen Zahlenraum aus. KL oder ein KT, der nicht mitspielt, beginnt und nimmt nun nach und nach einzelne Zahlenzettel aus der Schachtel und liest sie je zweimal laut und deutlich vor. Hört ein KT eine Zahl, die er in sein Raster eingetragen hat, so streicht er sie aus. Gewonnen hat der KT, der zuerst fünf Zahlen vertikal, diagonal oder horizontal in einer Reihe ausstreichen konnte.

3   Rechendiktat

Lernziel	Wortschatz: Zahlen, Rechenaufgaben
Sozialform	Einzelarbeit, Partnerarbeit / Plenum
Material	–
Spielverlauf	Das Spiel ist nur für stärkere Lernergruppen oder für sprachlich homogene Kurse geeignet. Jeder KT bereitet schriftlich in EA ca. fünf Rechenaufgaben (Addition, Subtraktion, Division oder Multiplikation) mit Ergebnissen vor. Anschließend diktiert ein KT seinem Partner die erste Aufgabe. Dieser schreibt mit, löst die Aufgabe und nennt sein Ergebnis. Dann vergleichen beide ihre Lösungen. Stimmen die Lösungen überein, darf nun der andere KT seinem Partner eine Rechenaufgabe diktieren. Gewonnen hat der KT, der die meisten Aufgaben korrekt aufgeschrieben und gelöst hat. **Alternative:** Dieses Spiel kann auch im Plenum gemacht werden: Ein KT beginnt und diktiert dem Plenum seine erste Rechenaufgabe. Wer als Erster eine Lösung hat, ruft „Stopp". Ist die Lösung richtig, darf er nun dem Plenum eine seiner Aufgaben diktieren. Stimmt das Ergebnis nicht, darf ein anderer KT seine Lösung nennen. Gewonnen hat der KT, der als Erster seine fünf Rechenaufgaben diktiert hat.

4 Buchstabenbingo

Lernziel Alphabet

Sozialform Einzelarbeit, Plenum

Material Ca. 10–12 Buchstabenzettel mit je einem Buchstaben aus dem Alphabet in einer Schachtel; Arbeitsblätter, die aus einem Raster von 20 leeren Kästchen bestehen.

Spielverlauf Siehe Spielverlauf Zahlenbingo (Spiel Nr. 2). Statt mit Zahlen füllt jeder KT sein Bingo-Raster mit Buchstaben aus. Gewonnen hat der KT, der zuerst fünf Buchstaben vertikal, diagonal oder horizontal in einer Reihe ausstreichen konnte.

5 Galgenmännchen

Lernziel Alphabet

Sozialform Partnerarbeit oder Gruppenarbeit (2 Gruppen)

Material Ca. 8–12 Wortkärtchen; Tafel und Kreide/OHP-Folie und Folienstifte

Spielverlauf KL bereitet Kärtchen mit möglichst langen Wörtern vor, die allen KT bekannt sind. KL ersetzt dabei die Umlaute durch den jeweiligen Vokal + e (z. B. *ae* für *ä* usw.) und Eszett durch Doppel-s. Um den Spielverlauf zu demonstrieren, nimmt KL ein Wortkärtchen von dem Stapel und zeichnet für jeden Buchstaben des Wortes einen Unterstrich (_ _ _ _) an die Tafel bzw. auf OHP-Folie. KL fordert KT auf, einzelne Buchstaben z. B. auf folgende Weise abzufragen: *Kommt in dem Wort der Buchstabe A vor?* Wenn ein Buchstabe in dem zu erratenden Wort ein- oder mehrmals vorhanden ist, muss er an den entsprechenden Stellen eingetragen werden. Ist der genannte Buchstabe nicht in dem Wort enthalten, so zeichnet KL einen Strich des Galgenmännchens, das im Laufe des Spiels vervollständigt wird. Falls KL das Galgenmännchen unpassend findet, kann er auch schrittweise ein Haus zeichnen. Ist das Galgenmännchen bzw. Haus komplett, verrät KL das Wort und trägt die fehlenden Buchstaben ein. Er weist nochmals darauf hin, dass die Anzahl der Unterstriche mit der Anzahl der Buchstaben des zu erratenden Wortes identisch sein muss.
Dann teilt er den Kurs in zwei Gruppen. Ein KT aus Gruppe A zieht ein Wortkärtchen und verfährt wie beschrieben. Hat die ratende Gruppe eine Idee, wie das Wort heißen könnte, kann sie es benennen. Trifft der Vorschlag nicht zu, wird das Galgenmännchen bzw. Haus ergänzt. Ist das Wort erraten, bekommt Gruppe B einen Punkt und darf ein neues Wortkärtchen ziehen. Verloren hat immer die Gruppe, deren Galgenmännchen bzw. Haus als Erstes komplett ist. Die Gruppe, die die meisten Punkte hat, hat gewonnen.

6   Artikelspiel

Lernziel   Grammatik: bestimmter und/oder unbestimmter Artikel

Sozialform   Gruppenarbeit (2–3 Gruppen)

Material   –

Spielverlauf   Der Kurs wird in 2–3 Gruppen geteilt. Jede Gruppe vertritt einen Artikel (DER, DIE, DAS und/oder EIN, EINE). KL nennt nun ein Nomen ohne Artikel. Die Gruppe, die den passenden Artikel repräsentiert, steht auf. KT, die beim falschen Artikel aufstehen bzw. bei der Nennung eines passenden Nomens sitzen bleiben, scheiden aus. Gewonnen hat die Gruppe, bei der die wenigsten KT ausgeschieden sind.
Alternative: KL kann auch einen Lückentext vorlesen, bei dem alle Artikel fehlen. Bei jeder Lücke steht dann die Gruppe auf, die den passenden Artikel vertritt. Diese Alternative eignet sich für etwas fortgeschrittenere Gruppen.

7   Scrabble

Lernziel   Wortschatz

Sozialform   Gruppenarbeit (2 Gruppen)

Material   Tafel und Kreide/OHP-Folie und Stifte

Spielverlauf   KL schreibt ein langes Wort in die Mitte der Tafel bzw. der OHP-Folie. KL ersetzt dabei die Umlaute durch den jeweiligen Vokal + e (z. B. *ae* für *ä* usw.) und Eszett durch Doppel-s. Dann bildet er zwei Gruppen, die von ihrem Platz aufstehen müssen. Aus jeder Gruppe gehen KT abwechselnd an die Tafel bzw. den OHP und suchen ein neues Wort. Dabei müssen sie wie bei einem Kreuzworträtsel das erste Wort an einer beliebigen Stelle kreuzen und so einen geschriebenen Buchstaben mitverwenden. Nur die KT, die ein neues Wort ergänzen konnten, dürfen sich wieder hinsetzen. Die Gruppe, die die meisten Wörter gefunden hat bzw. deren KT alle wieder an ihren Plätzen sitzen, hat gewonnen.

8   Würfelspiele

Lernziel   Grammatik: z. B. Verbformen, Personalpronomen, Fragepronomen

Sozialform   Gruppenarbeit (2–4 Spieler pro Gruppe)

Material   Für jede Gruppe einen vom KL beschrifteten Würfel

Spielverlauf   KT spielen in Kleingruppen. Sie sitzen zusammen um einen Tisch. Ein KT beginnt und würfelt. Nun muss er einen Satz bzw. eine Frage mit dem gewürfelten Verb bilden. Dann ist der nächste KT an der Reihe. Gewonnen hat der KT, der die wenigsten Fehler gemacht hat. In Zweifelsfällen korrigiert KL.
Alternative: Mit Personalpronomen: KT würfelt und zieht zusätzlich eine Karte mit einem Verb. Nun bildet er die korrekte Verbform mit dem gewürfelten Personalpronomen und/oder formuliert einen kurzen Satz. Mit Fragepronomen: KT würfelt und stellt einem anderen KT eine Frage mit dem gewürfelten Fragepronomen. Dieser gibt die entsprechende Antwort und würfelt dann selbst.

9 Ariadnes Faden

Lernziel Wortschatz

Sozialform Plenum / Gruppenarbeit (8–10 Spieler pro Gruppe)

Material Pro Gruppe ein Wollknäuel

Spielverlauf Alle KT sitzen in einem großen Kreis (möglichst ohne Tische). KL hat das Wollknäuel und beginnt. Er sagt (je nach Kursstand) zwei oder drei Dinge über sich (z. B. zwei Hobbys; zwei Dinge, die er gern isst; zwei Dinge, die er nicht mag usw.). Dann wirft er das Wollknäuel einem KT zu, hält dabei aber den Anfang des Wollfadens fest. Dieser nennt nun auch zwei Hobbys, zwei Lieblingsspeisen oder zwei Dinge, die er nicht mag, und wirft anschließend das Knäuel weiter, wobei er auch wieder den Wollfaden festhält. Das Spiel wird fortgesetzt, bis alle einmal dran waren. Nun ist ein Fadennetz entstanden, das es wieder aufzulösen gilt. Der zuletzt befragte KT wirft also das Wollknäuel an seinen Vordermann zurück und wiederholt nun aus dem Gedächtnis die zwei Dinge, die dieser genannt hat. Gelingt das nicht, sagt der Betreffende die zwei Dinge noch einmal und das Spiel geht weiter. Das Spiel ist beendet, wenn das Wollknäuel wieder beim KL angelangt ist.

Alternative: Das Spiel kann auch in Gruppen gemacht werden. Jede Gruppe benötigt dann ein eigenes Wollknäuel und setzt sich in einem Kreis zusammen. Dann kann man das Spiel auch als Wettspiel gestalten. Gewonnen hat die Gruppe, die als Erste das Wollknäuel wieder aufgerollt hat.

10 Wechselspiele

Lernziel Grammatik: z. B. Akkusativ-Objekt, Verneinung; Wortschatz: z. B. Uhrzeit, Wetter

Sozialform Partnerarbeit

Material Arbeitsblätter A und B für die Partner (z. B. einen Fahrplan, auf dem für Partner A und B unterschiedliche Abfahrtszeiten vom KL ausgestrichen wurden).

Spielverlauf Partner A und Partner B erhalten ihr jeweiliges Arbeitsblatt, z. B. einen Fahrplan mit unterschiedlichen Lücken. Partner A beginnt und fragt Partner B nach der fehlenden Information, um eine erste Lücke zu ergänzen, z. B. *Um wie viel Uhr fährt abends ein Zug von Berlin nach München?* Partner B sucht die Information in seinem Fahrplan und antwortet: *Um 19.36 Uhr.* Anschließend befragt er Partner A nach einer Lücke in seinem eigenen Fahrplan. Das Spiel ist beendet, wenn beide Partner alle Lücken ergänzt haben.

Das Spiel bietet Sprechanlässe zu den verschiedensten Situationen. Wichtig ist bei der Erstellung der Arbeitsblätter nur, dass Partner A und B wirklich unterschiedliche Informationen haben.

11 Rollenspiele

Lernziel	Wortschatz: Redemittel (z. B. sich begrüßen, sich vorstellen, im Restaurant bestellen und bezahlen)
Sozialform	Partnerarbeit/Gruppenarbeit (3 Spieler pro Gruppe)
Material	Rollenkarten und Arbeitsblätter mit Redemitteln für jeden KT
Spielverlauf	Alle KT erhalten eine Rollenkarte mit Informationen zu ihrer Rolle (z. B. *Gast im Restaurant, Bestellung: 1 Bratwurst mit Kraut, 1 Bier*) und ein Arbeitsblatt mit den wichtigsten Redemitteln für den zu spielenden Dialog. Nun führen KT entweder in PA oder in Gruppen Gespräche anhand der Angaben auf ihren Rollenkärtchen und der vorgegebenen Redemittel. Beispiel: Im Restaurant. Es wird in Dreiergruppen gespielt. Zwei KT erhalten Rollenkarten für Restaurantgäste (z. B. Bildkärtchen mit bestimmten Speisen und Getränken). Ein KT erhält eine Rollenkarte für den Kellner (inkl. einer Speisekarte mit Preisangaben). Alle KT der Gruppe erhalten Arbeitsblätter mit den wichtigsten Redemitteln oder einen Beispieldialog „Bestellen im Restaurant". Nun üben KT eine Szene im Restaurant unter Verwendung der Angaben auf den Rollenkärtchen und der vorgegebenen Redemittel ein. Einzelne Gruppen spielen ihre Szene im Plenum vor.

12 Rücken-an-Rücken-Diktat

Lernziel	Hörverstehen; Aussprache
Sozialform	Partnerarbeit
Material	Arbeitsblätter mit einem Diktattext, der für Partner A und B jeweils unterschiedliche Lücken aufweist.
Spielverlauf	Die Partner sitzen Rücken an Rücken. Sie erhalten je eine Kopie des Diktattextes A bzw. B. Partner A beginnt und liest seinen Text bis zur ersten Lücke laut vor. Partner B schreibt mit. Dann diktiert Partner B seinen Text bis zur nächsten Lücke und Partner A schreibt mit. Das Diktat wird so lange weitergeführt, bis beide Partner alle ihre Lücken ergänzt haben. Zum Schluss vergleichen die Partner ihre Texte und korrigieren gemeinsam die Fehler. Gewonnen hat der KT, der die wenigsten Fehler gemacht hat.

13 Laufdiktat

Lernziel	Hörverstehen; Aussprache
Sozialform	Partnerarbeit/Einzelarbeit
Material	Ca. 5–8 Zettel mit einzelnen Sätzen (in großer deutlicher Schrift), die zusammen einen Diktattext ergeben; Klebestreifen oder Nadeln (zum Befestigen der Zettel an der Wand).
Spielverlauf	KL hängt die durchnummerierten Diktatzettel im Klassenzimmer ungeordnet an die Wände. Jedes Paar besteht aus einem Schreiber und einem Läufer. Der Läufer läuft zu dem ersten Zettel und liest den ersten Satz des Diktats. Er merkt sich den Satz möglichst vollständig, läuft zu seinem Partner und diktiert ihm den Satz. Dieser schreibt das Gehörte auf. Dann läuft der Läufer zum zweiten Zettel, merkt sich den zweiten Satz usw. Gewonnen hat das Paar, das zuerst fertig ist und die wenigsten Fehler hat. **Alternative:** Das Laufdiktat kann auch in EA durchgeführt werden, indem der Läufer selbst den Satz, den er sich gemerkt hat, an seinem Platz aufschreibt und dann wieder zur Wand läuft, um sich den nächsten Satz zu merken usw.

14 Bilddiktat

Lernziel	Hörverstehen; Wortschatz und Redemittel für Beschreibungen
Sozialform	Partnerarbeit/Plenum
Material	Zwei Bilder (z. B. aus der Werbung in Zeitschriften, Foto) pro Gruppe als Vorlage
Spielverlauf	In PA beschreibt ein KT seinem Partner das von KL mitgebrachte Bild. Dieser versucht, die Beschreibung zeichnerisch umzusetzen. Dann werden die Vorlage und die Zeichnung des KT miteinander verglichen. Anschließend tauschen die beiden KT ihre Rollen und verwenden ein neues Bild. **Alternative:** Das Bilddiktat kann auch im Plenum durchgeführt werden. Ein KT beschreibt dem ganzen Kurs ein von KL mitgebrachtes Bild, die anderen KT fertigen nach dieser Bildbeschreibung eine Zeichnung an.

15 Lotto

Lernziel	Wortschatz: z. B. Lebensmittel, Alltagsgegenstände, Möbel, Kleidung
Sozialform	Gruppenarbeit (5–6 Spieler pro Gruppe)
Material	Pro Spielsatz 10–15 Wortkarten und dazu passende Bildkarten (evtl. z. T. doppelt)
Spielverlauf	Ein KT der Gruppe erhält die Wortkarten. Er liest eine Wortkarte nach der anderen vor. Unterdessen werden die Bildkarten an die übrigen KT verteilt. Hat ein KT das passende Bild dazu, meldet er sich und erhält dann die Wortkarte. Wenn die Bildkarten z. T. doppelt vorhanden sind, kommt es auf die Schnelligkeit an. Der KT, der zuerst alle Wortkarten zu seinen Bildern bekommen hat, hat gewonnen.

16 Memory

Lernziel	Grammatik: z. B. Nomen, Verben, Adjektive; Wortschatz
Sozialform	Gruppenarbeit (2–6 Spieler pro Gruppe)
Material	Pro Spielsatz mindestens 10 Kärtchenpaare
Spielverlauf	KL bereitet Spielsätze mit je mindestens 10 Kärtchenpaaren vor. Die Kärtchenpaare bestehen aus je einem Bild- und Wortkärtchen oder aus zwei Wortkärtchen, die eindeutig zusammengehören (z. B. Gegensatzpaare, Nomen und Verb usw.). KT setzen sich in Gruppen um je einen Tisch. Die Kärtchen werden gemischt und verdeckt auf dem Tisch ausgelegt. Ein KT beginnt und deckt nacheinander zwei Kärtchen auf und benennt sie laut. Hat er zwei passende Kärtchen aufgedeckt, darf er sie behalten und zwei weitere Kärtchen aufdecken. Hat er zwei Kärtchen aufgedeckt, die nicht zusammengehören, legt er sie wieder verdeckt zurück und der nächste Spieler kommt an die Reihe. Gewonnen hat der KT, der am Ende die meisten Kärtchenpaare hat.

17 Quartett oder Trio

Lernziel	Grammatik: Akkusativ; Wortschatz
Sozialform	Gruppenarbeit (4–6 Spieler pro Gruppe)
Material	Pro Gruppe mindestens 4 Dreier- bzw. Vierersets von Spielkarten

Spielverlauf	KL bereitet Spielkarten mit Bildern und dazugehöriger Bezeichnung vor. Dabei sollten immer drei bzw. vier Karten eine Gruppe (ein Trio bzw. ein Quartett) ergeben (z. B. Lebensmittel: 4 x Obst, 4 x Gemüse, 4 x Fleischprodukte, 4 x Milchprodukte, 4 x Desserts). KL notiert auf jedem Kärtchen den Oberbegriff und die noch zu erfragenden Wörter.
	KT spielen in Gruppen. Die Karten werden gemischt und jeder Spieler erhält die gleiche Anzahl von Spielkarten. KT versuchen nun alle Karten einer Gruppe durch Fragen *(Hast du …? / Ich brauche …)* zu bekommen. Wer nach einer Karte gefragt wurde und diese nicht hat, darf jetzt weiter fragen. Der KT, der ein Trio/Quartett hat, kann dieses ablegen. Der KT, der zuerst alle Karten ablegen konnte, hat gewonnen.

18 Domino

Lernziel	Wortschatz: z. B. Gegensatzpaare, Wortpaare; Grammatik: Verbformen
Sozialform	Partnerarbeit/Gruppenarbeit (2–4 Spieler pro Gruppe)
Material	Pro Gruppe mindestens 20 vom KL vorbereitete Dominokarten
Spielverlauf	KL bereitet pro Gruppe bzw. pro Paar ca. 20 Dominokarten vor. Hierbei sollten sich auf einem Dominokärtchen z. B. je ein Nomen und ein Verb befinden, die NICHT zusammenpassen. Zu jedem Nomen muss jedoch auch das passende Verb auf einer anderen Spielkarte stehen.

essen	Kaffee	trinken	Buch

KT setzen sich in kleinen Gruppen bzw. mit ihrem Partner um je einen Tisch. Bis auf eine werden alle Karten gleichmäßig an die Spieler einer Gruppe verteilt. Eine Karte wird in der Mitte des Tisches ausgelegt. Der erste Spieler beginnt und legt eine passende Karte an, falls er eine hat. Dann ist der zweite Spieler an der Reihe usw. Sieger ist der KT, der als Erster alle Karten abgelegt hat.

19 Tangram

Lernziel	Wortschatz: z. B. Adjektivpaare; Grammatik: z. B. Nomen und Verben, Präsens und Perfekt, Verben und Präpositionen
Sozialform	Partnerarbeit
Material	Pro Paar ein vom KL beschriftetes Tangram-Kartenset
Spielverlauf	KL beschriftet ein Tangram-Kartenset so mit 6 Begriffspaaren, Satz- oder Verbteilen (z. B. Infinitiv und Partizip Perfekt), dass sich immer zwei eindeutig zusammengehörende Begriffe, Satz- oder Verbteile gegenüberstehen (z. B. *gehen – gegangen*). Anschließend kopiert er das Kartenset und schneidet die 12 Dreiecke aus.

KT arbeiten paarweise zusammen. Jedes Paar erhält ein zerschnittenes Kartenset und muss nun die Dreiecke so zusammensetzen, das am Ende der gesamte Tangramstern entsteht und sich gleichzeitig überall die passenden Begriffe bzw. Satz- oder Verbteile gegenüberstehen. Gewonnen hat das Paar, das den Stern zuerst korrekt zusammengelegt hat.

20 „Ich sehe was, was du nicht siehst"

Lernziel Wortschatz: z. B. Gegenstände im Klassenzimmer, Adjektive

Sozialform Plenum / Partnerarbeit

Material –

Spielverlauf KL oder ein KT beginnt mit dem Satz *„Ich sehe was, was du nicht siehst, und das ist …"* Dabei beschreibt KL/KT den Gegenstand mit möglichst vielen Adjektiven, z. B. *grün/blau/groß/klein/lang/kurz/alt/neu* usw. Die anderen KT erraten den gesuchten Gegenstand, indem sie mögliche Lösungen laut ausrufen. Der KT, der den Gegenstand errät, gewinnt. Er darf sich einen neuen Gegenstand ausdenken, den die anderen erraten müssen.

21 Montagsmaler

Lernziel Wortschatz

Sozialform Gruppenarbeit (2 Gruppen)

Material Ca. 8–10 Zettel mit Begriffen; Tafel und bunte Kreide/OHP-Folie und Stifte

Spielverlauf Der Kurs wird in zwei Gruppen aufgeteilt. Ein KT aus Gruppe A geht an die Tafel bzw. an den OHP. KL bringt 8–10 Zettel mit, auf denen Begriffe stehen. KT zieht einen Zettel und malt eine Darstellung dieses Begriffes an die Tafel oder auf OHP-Folie. KT aus Gruppe B müssen nun raten, um welchen Begriff es sich handelt, indem sie mögliche Lösungen laut ausrufen. Wenn Gruppe B den Begriff innerhalb einer Minute errät, erhält Gruppe B einen Punkt und darf einen KT an die Tafel bzw. an den OHP schicken. Wird der Begriff im Rahmen der Zeitvorgabe nicht erraten, darf Gruppe A die Lösung nennen und einen weiteren Begriff zeichnen. Die Gruppe, die am Ende die meisten Punkte hat, hat gewonnen.
Die Begriffe, die bei diesem Spiel zu erraten sind, können von einfachen Verben *(springen, essen)* oder Gegenständen *(Haus, Baum)* bis zu komplexeren Redemitteln *(es regnet)* oder Wendungen *(etwas bestellen)* reichen.

22 Wortketten

Lernziel Wortschatz

Sozialform Plenum / Gruppenarbeit (4–6 Spieler pro Gruppe)

Material –

Spielverlauf KL beginnt mit der Nennung eines Begriffes aus einem bestimmten Wortschatzbereich (z. B. *essen und trinken, im Haus, Kleidung, in der Stadt* usw.). Der erste KT muss nun ein Wort aus dem gleichen Wortschatzbereich finden, das mit dem Endbuchstaben des ersten Wortes beginnt, z. B. Supp**e-E**iersala**t-T**unfisch usw. Diese Wortkette kann einmal durch den Kurs gehen oder in Gruppen mit einem bestimmten Zeitlimit gespielt werden.

23   Pantomime

Lernziel	Wortschatz: z. B. Verben
Sozialform	Plenum
Material	Ca. 8–10 Zettel mit Begriffen, z. B. Verben
Spielverlauf	KL bereitet Zettel mit Begriffen vor. Ein KT beginnt und tritt vor den Kurs. KT zieht einen Zettel mit einem Begriff, z. B. ein Verb, und stellt diesen Begriff nun pantomimisch dar. Die übrigen KT versuchen, den Begriff zu erraten, indem sie mögliche Lösungen laut ausrufen. Der KT, der zuerst den richtigen Begriff nennt, gewinnt und darf einen neuen Begriff darstellen.

24   Kimspiele

Lernziel	Wortschatz
Sozialform	Plenum
Material	OHP-Folie mit Bildern von ca. 7–10 Gegenständen oder entsprechend viele reale Gegenstände
Spielverlauf	KL zeigt die 7–10 Gegenstände (bzw. die Bilder davon) für ca. 60 Sekunden und KT versuchen, sich alle Gegenstände einzuprägen. Nach einer Minute nimmt KL die Gegenstände / Bilder wieder weg und macht kurz etwas anderes mit KT (z. B. Korrektur der HA, Grammatikübung, Bildbeschreibung o. Ä.). Nach etwa fünf Minuten werden KT gebeten, die Bezeichnungen aller erinnerten Gegenstände mit Artikel aufzuschreiben. Der KT, der die meisten Begriffe korrekt aufgelistet hat, gewinnt.

25   „Stadt-Land-Fluss"

Lernziel	Wortschatz
Sozialform	Partnerarbeit/Gruppenarbeit (4–6 Spieler pro Gruppe)
Material	Spielvorlagen für alle KT: eine leere Tabelle mit ca. fünf Spalten und beliebig vielen Zeilen
Spielverlauf	KT spielen in PA/GA. Sie ergänzen zunächst die Überschriften der Tabelle mit den fünf gleichen Kategorien (z. B. Getränke, Speisen, Lebensmittel, Körperteile, Kleidungsstücke, Möbel, Gegenstände im Raum usw. oder Verb, Substantiv, Adjektiv, Präposition, Pronomen usw.). Anschließend geht ein KT in jeder Gruppe im Kopf das Alphabet durch, ein anderer sagt nach einigen Sekunden „Stopp". Der Buchstabe, bei dem der erste Spieler angelangt war, wird als Anfangsbuchstabe für diese Spielrunde festgelegt. Nun schreiben alle KT der Gruppe so schnell wie möglich Begriffe aus jeder Kategorie auf, die mit diesem Buchstaben beginnen. Der KT, der zuerst fertig ist, ruft laut „Stopp". Dann werden die Ergebnisse verglichen und Punkte verteilt: Jeder korrekte Begriff erhält bei Doppelnennung 5, bei Einfachnennung 10 Punkte. Wer nach einer bestimmten Anzahl von Spieldurchgängen die meisten Punkte hat, hat gewonnen.

26 Wörterraten

Lernziel Grammatik: Ja-/Nein-Fragen

Sozialform Partnerarbeit

Material Wortzettel (Personen oder Gegenstände), Klebestreifen oder Stecknadeln

Spielverlauf Dieses Spiel eignet sich nur für stärkere oder fortgeschrittenere Lernergruppen. KL kann es ab Lektion 5 im Kurs- und Übungsbuch einsetzen. Beim Erstellen der benötigten Anzahl von Wortzetteln sollte KL den zu erratenden Wortschatz klar eingrenzen und außerdem an der Tafel bzw. auf OHP-Folie entsprechende Ja-/Nein-Fragen vorgeben, mit denen KT die zu erratenden Wörter erfragen können:
  * *Bin ich eine Person/ein Haustier/ein Ding/ein Lebensmittel …?*
  * *Bin ich groß/klein/schnell/langsam …?*
  * *Bin ich hier im Deutschkurs/zu Hause …?*
  * *Kann ich fahren/fliegen/Musik machen …?*

KT lesen die Redemittel. KL demonstriert anschließend den Spielablauf, indem er einen KT bittet, ihm einen bereits vorbereiteten Wortzettel auf den Rücken zu heften. KT lesen das Wort (z. B. *Auto*) und KL versucht, anhand der vorgegebenen Ja-/Nein-Fragen das Wort zu erraten. KL weist darauf hin, dass KT nur Ja-/Nein-Fragen stellen dürfen. Dann heftet er jedem KT ein Wort, das dieser nicht sehen darf, auf den Rücken. Jeder KT sucht sich nun einen Partner, der ihm beim Erraten des Wortes auf seinem Rücken behilflich ist, indem er seine Fragen beantwortet. Hat ein KT sein Wort erraten, so hilft er anschließend seinem Partner.

27 Beruferaten/Personenraten

Lernziel Grammatik: Ja-/Nein-Fragen; Wortschatz

Sozialform Plenum

Material –

Spielverlauf Ein KT überlegt sich einen Beruf, den alle kennen. Die übrigen KT erraten nun den Beruf durch Ja-/Nein-Fragen. Stellt ein KT eine Frage, die mit „Ja" beantwortet wird, darf er eine weitere Frage stellen. Wird seine Frage mit „Nein" beantwortet, ist ein anderer KT an der Reihe. Der KT, der den Beruf schließlich errät, gewinnt und darf sich einen neuen Beruf ausdenken. Bei Anfängergruppen ist es sinnvoll, einige gängige Fragen als Redemittel auf Kopien oder auf OHP-Folie zur Verfügung zu stellen.
Alternative: Auf diese Weise kann auch Personenraten gespielt werden. Ein KT überlegt sich still eine berühmte Persönlichkeit, die allen KT bekannt ist. Die übrigen KT erraten dann die Persönlichkeit durch Ja-/Nein-Fragen.

28 Buchstabensalat

Lernziel Wortschatz: z. B. Lebensmittel, Körperteile

Sozialform Einzelarbeit/Partnerarbeit, auch als Hausaufgabe

Material Ein vom KL vorbereitetes Arbeitsblatt für jeden KT

Spielverlauf KL bereitet Arbeitsblätter mit einem karierten Raster vor, das komplett mit durcheinander gewürfelten Buchstaben gefüllt ist. In diesem Buchstabensalat befinden sich versteckt horizontal, vertikal und diagonal Vokabeln aus der letzten Stunde oder zu einem bestimmten Thema. Jeder KT erhält ein Arbeitsblatt und Angaben dazu, wie viele Wörter sich im Buchstabensalat verstecken. KT suchen die Wörter in EA/PA und markieren sie. Wer zuerst alle Wörter gefunden hat, hat gewonnen.

Im Folgenden finden Sie je eine Doppelseite Kopiervorlagen sowie Tests und Diktate als Zusatzmaterial zu den Kursbuchlektionen 1 bis 6.

Die **Kopiervorlagen** sind auf den Wortschatz und die Grammatik der einzelnen Lektionen abgestimmt und eignen sich daher gut zur Wiederholung und Vertiefung des jeweils behandelten Lernstoffs. Die Spielvorlagen sind so angelegt, dass Sie sie – von der Erstellung der benötigten Anzahl Spielsets einmal abgesehen – ohne zusätzliche Vorbereitung im Unterricht einsetzen können. Sie haben die Möglichkeit, zu den Spielen in den Kopiervorlagen ausführliche Anleitungen und weitere Vorschläge im Spielekatalog (Nr. 10, Nr. 16, Nr. 18, Nr. 19) nachzulesen.

Die **Tests und Diktate** fragen den Lernstoff der jeweiligen Lektion ab. Sie dienen zur Kontrolle des Lernerfolgs am Ende einer Kursbuchlektion. Das Diktat ist den Tests vorangestellt und geht nicht in die Bewertung ein. Es ist wichtig, dass Sie beim Vorlesen der Diktate in drei Schritten vorgehen: Zunächst lesen Sie den Text einmal ganz, dann in Abschnitten (Sätzen oder Satzteilen) vor. In den Pausen schreiben die Lernenden die diktierten Abschnitte auf. Zum Schluss tragen Sie den Text zur Kontrolle noch einmal ganz vor. Das Lesetempo sollte am schwächsten Teilnehmer orientiert sein.

Die Lösung der Aufgaben in den Tests sollte ohne zeitlichen Druck geschehen. Mit Rücksicht auf das Arbeitstempo Ihres Kurses können Sie einen Zeitrahmen von 15 bis 25 Minuten einplanen. Am rechten Rand der Tests ist die Punktzahl angegeben, die pro Aufgabe zu erreichen ist. Das Punktesystem ist mit der Bewertungsskala verknüpft und ermöglicht eine schnelle und sichere Benotung. Der Lösungsschlüssel erleichtert Ihnen das Korrigieren, denn dort können Sie die korrekten Lösungen nachschlagen.

Kopiervorlagen:

Tests:

Ein Zug in Deutschland (Wechselspiel)

Lesen Sie die Beispielsätze. Fragen und antworten Sie bitte.

Partner A	Partner B
Woher kommt **Martin Miller**?	Er kommt aus …
Versteht **Anna Goraj** Deutsch?	Nein, …
…	…
Wie ist die Adresse von …	Die Adresse ist …
…	…
Woher kommen **Sie**/kommst **du**?	…

A	Martin Miller	Anna Goraj	Ihr Partner/ Ihre Partnerin	Ich
Woher? (kommen)		Polen		
Deutsch? (verstehen)	Ja, sehr gut.			
Wo? (wohnen)		Bremen		
Adresse? (sein)	Pfalzburger Straße 8			
Telefon- nummer? (sein)		0421/33 01 75		
Wohin? (fahren)	Köln			
Was? (machen)		Deutsch lernen		

Aus: **Passwort Deutsch 1** © Ernst Klett International GmbH, Stuttgart 2001

Ein Zug in Deutschland (Wechselspiel)

Lesen Sie die Beispielsätze. Fragen und antworten Sie bitte.

Partner B	Partner A
Woher kommt **Anna Goraj**?	Sie kommt aus …
Versteht **Martin Miller** Deutsch?	Ja, …
…	…
Wie ist die Adresse von …	Die Adresse ist …
…	…
Woher kommen **Sie**/kommst **du**?	…

B	**Martin Miller**	**Anna Goraj**	**Ihr Partner/ Ihre Partnerin**	**Ich**
Woher? (kommen)	Australien			
Deutsch? (verstehen)		Nein, nicht gut.		
Wo? (wohnen)	Berlin			
Adresse? (sein)		Kölner Straße 17		
Telefon- nummer? (sein)	030/88 76 46 13			
Wohin? (fahren)		München		
Was? (machen)	arbeiten			

Aus: **Passwort Deutsch 1** © Ernst Klett International GmbH, Stuttgart 2001

Singular und Plural (Domino)

die Touristen	das Kind	die Kinder	der Zug
die Züge	das Haus	die Häuser	die Straße
die Straßen	die Frau	die Frauen	das Dorf
die Dörfer	der Bus	die Busse	das Hotel
die Hotels	das Auto	die Autos	das Schiff
die Schiffe	das Kino	die Kinos	der Supermarkt
die Supermärkte	das Kaufhaus	die Kaufhäuser	das Restaurant
die Restaurants	das Bild	die Bilder	der Tourist

Aus: **Passwort Deutsch 1** © Ernst Klett International GmbH, Stuttgart 2001

Heiß und kalt (Tangram)

Aus: **Passwort Deutsch 1** © Ernst Klett International GmbH, Stuttgart 2001

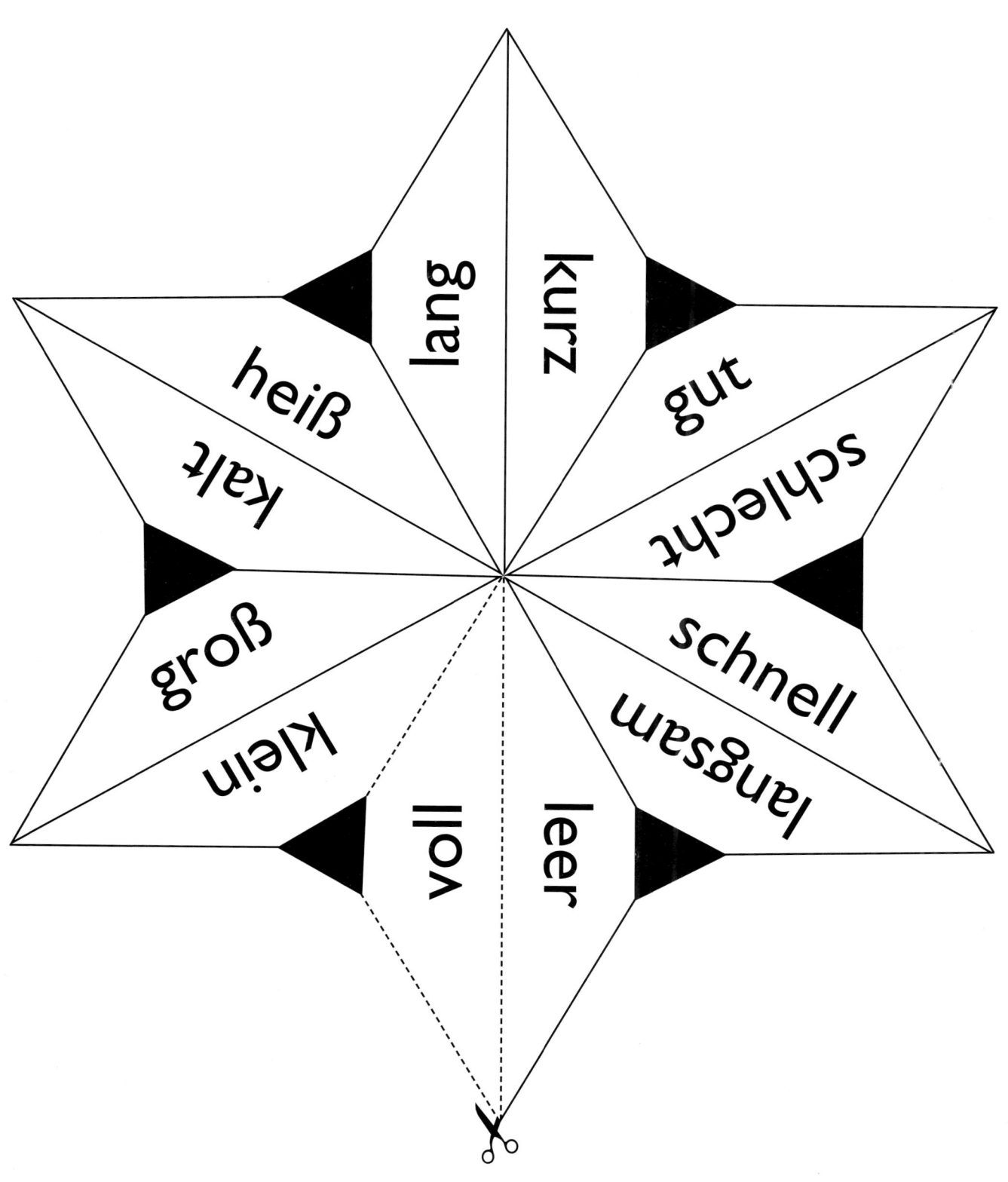

Immer, oft, manchmal, selten, nie (Wechselspiel)

Lesen Sie die Beispielsätze. Fragen und antworten Sie bitte.

Partner A	Partner B
Fährt **Herr Mainka** Auto?	Er fährt *immer* Auto.
Fahren **Anna und Thomas** Auto?	Sie fahren …
Trinkt **Frau Egli** Kaffee?	Sie …
…	…
Fahren **Sie**/Fährst **du** Auto?	Ich …
…	…

A	Herr Mainka	Frau Egli	Anna und Thomas	Ihr Partner/ Ihre Part- nerin	Ich
Auto fahren		oft			
Kaffee trinken	immer		oft		
Tennis spielen		oft			
ins Kino gehen	selten		manchmal		
joggen		nie			
Karten spielen	manchmal		oft		
Urlaub machen		manchmal			

Aus: **Passwort Deutsch 1** © Ernst Klett International GmbH, Stuttgart 2001

Immer, oft, manchmal, selten, nie (Wechselspiel)

Lesen Sie die Beispielsätze. Fragen und antworten Sie bitte.

Partner B	**Partner A**
Fährt **Frau Egli** Auto?	Sie fährt *oft* Auto.
Trinkt **Herr Mainka** Kaffee?	Er trinkt …
Trinken **Anna und Thomas** Kaffee?	Sie …
…	…
Fahren **Sie**/Fährst **du** Auto?	Ich …
…	…

B	**Herr Mainka**	**Frau Egli**	**Anna und Thomas**	**Ihr Partner/ Ihre Part- nerin**	**Ich**
Auto fahren	immer		nie		
Kaffee trinken		manchmal			
Tennis spielen	nie		manchmal		
ins Kino gehen		oft			
joggen	nie		selten		
Karten spielen		nie			
Urlaub machen	oft		oft		

Aus: **Passwort Deutsch 1** © Ernst Klett International GmbH, Stuttgart 2001

Bild und **Wort** (Domino)

	der **Kaffee**

	das **Auto**

	die **Wurst**

	die **Zitrone**

	das **Eis**

	die **Schokolade**

	die **Kirche**

	die **Banane**

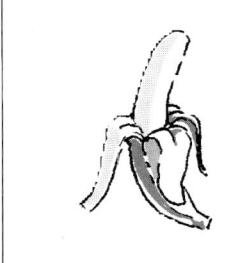	die **Fabrik**

	die **Butter**

Aus: **Passwort Deutsch 1** © Ernst Klett International GmbH, Stuttgart 2001

das Haus

der Kuchen

das Schiff

das Mineral-wasser

der Computer

die Milch

die Tomate

der Fotoapparat

der Zucker

der Tee

Der Tag von Familie Raptis (Wechselspiel)

Lesen Sie die Beispielsätze. Wer macht was? Fragen und antworten Sie bitte.

Partner A	Partner B
Was macht **Andrea** morgens?	Morgens plant sie den Deutschunterricht.
…	…
Was macht **Kostas** mittags?	Mittags …
…	…
Was machen **Sie**/machst **du** morgens?	Morgens frühstücke ich.
…	…

A	morgens	mittags	nachmittags	abends
Andrea		Mittagessen kochen		Deutsch unterrichten
Kostas	ins Krankenhaus fahren		Kaffee trinken	
Lena und Jakob		zu Mittag essen		Karten spielen
Die Katze von Lena und Jakob	schlafen		ein Ei essen	
Ihr Partner/ Ihre Partnerin				
Ich				

Der Tag von Familie Raptis (Wechselspiel)

Lesen Sie die Beispielsätze. Wer macht was? Fragen und antworten Sie bitte.

Partner B	Partner A
Was macht **Andrea** mittags?	Mittags kocht sie Mittagessen.
…	…
Was macht **Kostas** morgens?	Morgens …
…	…
Was machen **Sie** /machst **du** morgens?	Morgens frühstücke ich.
…	…

B	morgens	mittags	nachmittags	abends
Andrea	den Deutsch- unterricht planen		den Haushalt machen	
Kostas		viel arbeiten		die Kinder ins Bett bringen
Lena und Jakob	in den Kinder- garten gehen		Freunde besuchen	
Die Katze von Lena und Jakob		Milch trinken		schlafen
Ihr Partner/ Ihre Partnerin				
Ich				

Aus: **Passwort Deutsch 1** © Ernst Klett International GmbH, Stuttgart 2001

Gestern und heute (Memory)

essen	gegessen	gehen	gegangen
sein	gewesen	haben	gehabt
trinken	getrunken	arbeiten	gearbeitet
fahren	gefahren	lernen	gelernt
essen	gegessen	kommen	gekommen

Aus: **Passwort Deutsch 1** © Ernst Klett International GmbH, Stuttgart 2001

fliegen	geflogen	schlafen	geschlafen
feiern	gefeiert	lachen	gelacht
schreiben	geschrieben	machen	gemacht
werden	geworden	bleiben	geblieben
sehen	gesehen	treffen	getroffen

Name:

Diktat

Christian ist Journalist. Er kommt aus Hannover. Jetzt arbeitet und wohnt er in Wien.
Wien liegt in Österreich. Die Menschen sprechen hier auch Deutsch.

1 Bitte kombinieren Sie.

① Woher
② Wohin
③ Wo
④ Wie
⑤ Wer
⑥ Was

A macht Martin hier?
B liegt Deutschland?
C ist deine Faxnummer?
D fahren Thomas und Maria?
E kommen Sie?
F lernt Deutsch?

1	E
2	
3	
4	
5	
6	

1
1
1
1
1
5

2 Bitte ergänzen Sie: *aus, in* oder *nach*.

Nina arbeitet _in_ Köln. Sie kommt aber nicht _____ Köln, sie
kommt _____ Hamburg. Heute fährt sie _____ Süden, _____
Rom. Sie macht _____ Italien Urlaub.

0,5
0,5+0,5+0,5
0,5
2,5

3 Bitte ergänzen Sie.

1. Herr Mohr kommt aus Köln, aber _er_ arbeitet in Hamburg.
2. Maria lernt Deutsch; _____ versteht schon viel.
3. Peter und Nina arbeiten nicht, _____ spielen Karten.
4. Sonja und ich wohnen in Berlin, aber heute fahren _____ nach München.
5. Kommen _____ auch aus Süddeutschland, Herr Schmidt?
6. Hallo Peter, hallo Thomas! Fahrt _____ auch nach Moskau?

1
1
1
1
1
5

4 Ein Dialog. Bitte ordnen Sie.

☐ So? Sie arbeiten hier?
☐ Ich arbeite hier.
1 Sind Sie aus Deutschland?
☐ Und was machen Sie in Deutschland?
☐ Ja, ich bin Journalistin.
☐ Nein, ich komme aus Italien.

1
1

1
1
1
5

Aus: **Passwort Deutsch 1** © Ernst Klett International GmbH, Stuttgart 2001

Name:

5 Zahlen. Bitte ergänzen Sie.

1. (52) _zwei_____ und _fünf_____ zig
2. (97) _____ und_____ zig
3. (65) _____ und_____ zig
4. (24) _____ und_____ zig
5. (76) _____ und_____ zig
6. (41) _____ und_____ zig

0,5
0,5
0,5
0,5
0,5

2,5

6 Verben. Bitte ergänzen Sie.

1. In China … Sie Tee.
2. Wohin … Anna und Maria?

3. Ich … und Sie antworten.
4. Wir … in Frankfurt.
5. Nina … nett.
6. … du aus Japan?
7. Wer … Urlaub in München?

8. … Herr Miller Deutsch?
9. Polen … in Europa.
10. In Wien … die Menschen Deutsch.
11. Uli und Eva … Karten.

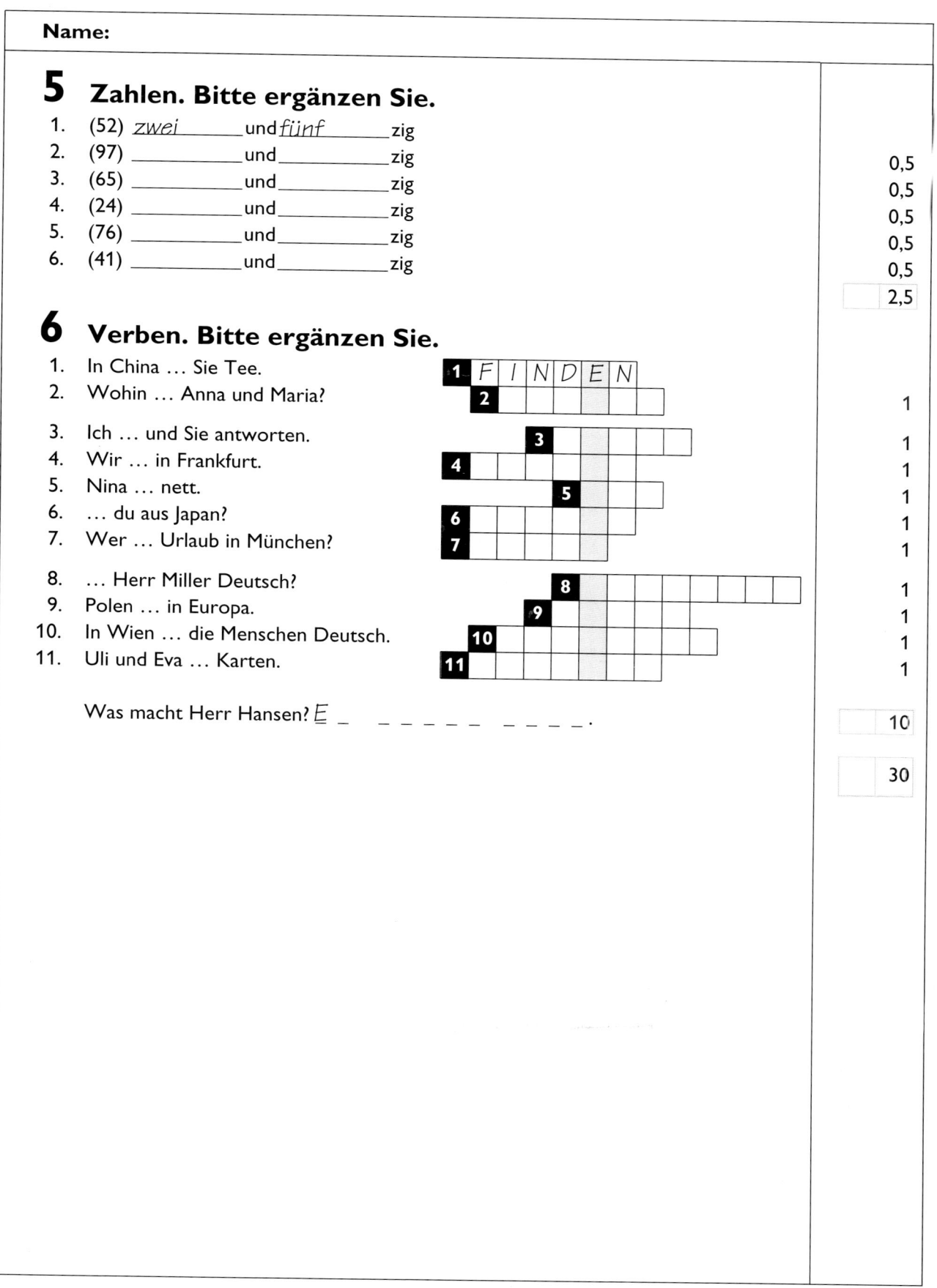

1

1
1
1
1
1

1
1
1
1

Was macht Herr Hansen? E _ _ _ _ _ _ _ _ _ _.

10

30

Aus: Passwort Deutsch 1 © Ernst Klett International GmbH, Stuttgart 2001

Test Lektion 2

Name:

Diktat

Die Stadt München ist fast tausend Jahre alt. Im Zentrum liegen das Rathaus und die Frauenkirche. Auch der Hauptbahnhof ist ganz nah. Von hier fahren jeden Tag viele Züge nach Berlin, Hamburg oder Köln.

1 Was passt zusammen?

①	Auto-	A	-haus	1	F
②	Bahn-	B	-kaffee	2	
③	Fußball-	C	-nummer	3	
④	Rat-	D	-hof	4	
⑤	Eis-	E	-platz	5	
⑥	Telefon-	F	-bahn	6	

1
1
1
1
1
5

2 Der Plural. Bitte ergänzen Sie.

1. Ist das eine **Fabrik**? – Ja, hier im Ruhrgebiet sind viele _Fabriken_ .
2. Die **Kirche** ist fast 400 Jahre alt. – Richtig, in München sind viele _____ sehr alt.   1
3. Kommt der **Zug** aus Stuttgart? – Ich weiß nicht. Nicht alle _____ kommen aus Stuttgart.   1
4. Ist im Zentrum auch ein **Supermarkt**? – Ich glaube nicht. Die _____ sind am Stadtrand.   1
5. Fährt nach Hamburg ein **Bus**? – Nein, nach Hamburg fahren keine _____ .   1
6. Ist das **Restaurant** hier gut? – Nein, die _____ hier sind leider nicht gut.   1

5

3 Bitte ergänzen Sie.

der der die die das das ein ein eine eine er sie es es

1. Hier rechts ist _____ Berg. _____ Berg ist sehr hoch. _____ heißt Nebelhorn.   0,5+0,5+0,5
2. Im Café sitzt _____ Frau. _____ Frau wartet schon zwei Stunden. _____ ist nervös.   0,5+0,5   0,5
3. Mitten in Oberstdorf ist _____ Hotel „Kaiser". _____ ist sehr gut.   0,5+0,5
4. _____ Rathaus von Frankfurt liegt im Zentrum. _____ heißt „Römer".   0,5+0,5
5. Hier links ist _____ Gebäude. Das ist _____ Hauptbahnhof.   0,5+0,5
6. _____ Städte München, Augsburg und Nürnberg liegen in Süddeutschland, Hamburg ist aber _____ Stadt in Norddeutschland.   0,5   0,5

7

Aus: Passwort Deutsch 1 © Ernst Klett International GmbH, Stuttgart 2001

Test Lektion 2

Aus: **Passwort Deutsch 1** © Ernst Klett International GmbH, Stuttgart 2001

Name:

4 Nomen und Adjektive – was fehlt?

1. Die Autos fahren nicht schnell, sie fahren *langsam* _____.
2. Das Café ist nicht voll, es ist _____.   1
3. Berlin ist kein Dorf, es ist eine _____.   1
4. Das Ruhrgebiet ist keine Stadt, es ist eine _____.   1
5. Die Antworten sind nicht richtig, sie sind _____.   1
6. Der Kaffee ist nicht kalt, er ist _____.   1

5

5 *nicht* oder *kein(e)* – was passt?

1. Ist das ein Museum? – Nein, das ist _____ Museum.   0,5
2. Wohnt Peter hier? – Nein, er wohnt _____ hier.   0,5
3. Liegt Hamburg in Süddeutschland? – Nein, Hamburg liegt _____ in Süddeutschland, es liegt in Norddeutschland.   0,5
4. Sind hier Geschäfte? Nein, hier sind _____ Geschäfte.   0,5
5. Ist die Schokoladentorte gut? – Nein, ich glaube, sie ist _____ sehr gut.   0,5
6. Ist hier ein Fußballplatz? – Nein, hier ist _____ Fußballplatz.   0,5

3

6 Zahlen. Bitte ergänzen Sie.

1.	*76988*	sechsundsiebzigtausendneunhundertachtundachtzig
2.		neunundzwanzigtausenddreihundertvier
3.		eintausendfünfhundertdreiundzwanzig
4.		zweiundneunzigtausendsechshundertfünfunddreißig
5.		neunhundertzwanzigtausendsiebenhundertacht
6.		viertausendzweihundertsiebenundsechzig

1
1
1
1
1

5

30

Test Lektion 3

Name:

Diktat

Frau Stein ist Hausfrau und ihr Mann ist Busfahrer von Beruf. Ihr Sohn heißt Thomas. Er ist zwölf Jahre alt und geht natürlich noch in die Schule. Die ganze Familie ist unsportlich, aber alle machen gern Musik.

1 Possessivartikel. Bitte ergänzen Sie.

1.	Wir haben drei Kinder. _Unsere_ Kinder spielen gern Klavier.	
2.	Nina wohnt in Hamburg. Leider kenne ich aber _____ Adresse nicht.	1
3.	Das ist Herr Hübner. _____ Hobby ist joggen.	1
4.	So, du arbeitest hier? Ich finde _____ Büro sehr hübsch.	1
5.	Ist das _____ Kugelschreiber, Frau Lang?	1
6.	Wohnt ihr hier? Ist das _____ Haus?	1
		5

2 Was passt?

an	aus	ein	~~mit~~	statt	vor

1.	Bitte, bringen Sie auch ein Foto _mit_.	
2.	Wir füllen das Formular morgen _____.	0,5
3.	Laden Sie Familie Braun auch _____?	0,5
4.	Der Kurs findet um 10 Uhr _____.	0,5
5.	Peter liest die Aufgabe _____.	0,5
6.	Der Film fängt um 20 Uhr _____.	0,5
		2,5

3 Ergänzen Sie die Verben.

ergänzen	anfangen	~~fernsehen~~	mitkommen	wiederholen	verstehen

1.	Möchtest du mit Thomas Fußball spielen? – Nein, heute _sehe_ ich _fern_.	
2.	Ich höre nicht gut. Bitte _____ Sie!	1
3.	Ich gehe jetzt ins Kino. – Warten Sie! Wir _____ _____.	1
4.	Sprechen Sie bitte langsam! Ich _____ nicht gut.	1
5.	Sie sind dran. _____ Sie bitte _____!	1
6.	Was fehlt hier? Bitte _____ Sie!	1
		5

Aus: **Passwort Deutsch 1** © Ernst Klett International GmbH, Stuttgart 2001

Test Lektion 3

Aus: **Passwort Deutsch 1** © Ernst Klett International GmbH, Stuttgart 2001

Name:

4 Wer macht wann was?

1. Am Mi_ttwoch_____ _mache_____ ich Musik.
2. Am Fr_____ _____ wir Fußball.   0,5+1
3. Am So_____ _____ Marlene und ich ins Kino.   0,5+1
4. Am Di_____ _____ Onkel Toni und   0,5+1
   Tante Tina Radio.
5. Am Do_____ _____ die Assistentin ein   0,5+1
   Interview.
6. Am Mo_____ _____ Nino Deutsch.   0,5+1

7,5

5 Bitte ergänzen Sie.

Dorf	aber	~~Kennen~~	hat	jetzt	ist

_Kennen_____ Sie Maria Sutter?

Maria _____ 34 Jahre alt. Sie kommt aus Beuren. Beuren ist   1

keine Stadt, es ist ein _____. Maria wohnt   1

_____ in Stuttgart, _____ ihre Eltern   1+1

wohnen noch in Beuren. Maria _____ auch eine Schwester.   1

5

6 W-Fragen. Bitte ergänzen Sie.

Wann	~~Warum~~	Was	Wer	Wie	Wo

1. _Warum___ wartet Hans 20 Minuten?
2. _____ fängt die Show an?   1
3. _____ passt in Aufgabe 3?   1
4. _____ hat drei Kinder?   1
5. _____ liegt Tübingen?   1
6. _____ alt sind Ihre Geschwister?   1

5

7 Fragen und Antworten. Bitte kombinieren Sie.

① Ist Ihr Vater auch hier?   **A** Ja, drei Töchter. | 1 | B |
② Ist das Ihr Bruder?   **B** Nein, er wohnt in Berlin. | 2 | |
③ Hat Ihr Vater eine Schwester?   **C** Ja, und seine Frau ist sehr nett. | 3 | | 1
④ Hat Maria Kinder?   **D** Nein, aber meine Tochter. | 4 | | 1
⑤ Ist Ihr Onkel verheiratet?   **E** Ja, seine Schwester heißt Maria. | 5 | | 1
⑥ Fährt Ihr Sohn auch mit?   **F** Nein, ich habe keine Geschwister. | 6 | | 1

5

35

Name:

Diktat

Möchten Sie jetzt Obst kaufen? Kommen Sie, hier ist ein Marktstand, da gibt es auch am Samstagnachmittag Obst und Gemüse! Sie können auch ein Sandwich essen und einen Orangensaft trinken. Tja, die Marktfrau muss leider auch heute arbeiten.

1 Was passt nicht?

1. Rostock – Italien – Köln – Freiburg
2. Foto – Studentin – Marktfrau – Kellnerin
3. vier – acht – drei – alle
4. Kaffee – Bier – Bananen – Apfelsaft
5. Haus – Stadtplan – Fernsehturm – Kirche
6. essen – trinken – verkaufen – mitten

1
1
1
1
1
5

2 Essen und trinken. Suchen Sie noch 10 Wörter.

Ä=AE, Ü=UE

1. *Gemüse*

```
N G E M U E S E A R B
F B I A R W A Q H V I
E I E R Z U N T O I E
W O Z M P R D O R A R
A B T E I S W E I N E
S S A L A T I E T E E
S T B A K U C H E N P
E H P D T C H O N I G
R K A E S E U L V M L
```

2. _____
3. _____
4. _____
5. _____
6. _____

7. _____
8. _____
9. _____
10. _____
11. _____

0,5+0,5
0,5+0,5
0,5+0,5
0,5+0,5
0,5+0,5
5

3 Was passt?

den	die	einen	einen	eine	keinen	kein

1. Frau Daume fotografiert *die* _____ Marktstände, und Timo fotografiert _____ Münsterturm.
2. Ist das dein Stadtplan? – Nein, ich habe _____ Stadtplan.
3. Hier ist ein Supermarkt. Da kannst du _____ Zeitung kaufen.
4. Gibt es hier auch _____ Souvenirladen?
5. Wir essen Eis! Und du? – Ich möchte _____ Eis, ich nehme _____ Orangensaft.

1
1
1
1
1
1
6

Aus: **Passwort Deutsch 1** © Ernst Klett International GmbH, Stuttgart 2001

Test Lektion 4

Aus: **Passwort Deutsch 1** © Ernst Klett International GmbH, Stuttgart 2001

Name:

4 Fragen und Antworten. Bitte kombinieren Sie.

①	Wer arbeitet auch am Samstag?	**A**	Ihre Eltern.	1	F		1
②	Wen beobachtest du?	**B**	Der Student.	2			1
③	Was gibt es in der Bäckerei?	**C**	Das Münster.	3			1
④	Wer braucht einen Computer?	**D**	Die Leute im Café.	4			1
⑤	Wen fotografiert Marlene?	**E**	Brot.	5			1
⑥	Was ist in Freiburg?	**F**	Die Marktfrau.	6			5

5 *können* oder *müssen*?

1. Ich möchte gut Deutsch sprechen, deshalb *muss* _____ ich viel lernen.

2. Ich brauche ein Wörterbuch. Wo _____ man Wörterbücher kaufen?

3. Ich bin unsportlich und _____ nicht Fahrrad fahren. Deshalb _____ ich immer zu Fuß gehen.

4. Wir brauchen Getränke und _____ Apfelsaft und Mineralwasser kaufen. Ihr _____ mitkommen. Wir nehmen das Auto.

1
1
1
1
1
5

6 Vokalwechsel oder nicht? Ergänzen Sie die Verben.

~~gehen~~	sehen	nehmen	leben	lesen	sprechen

1. Thomas ist 15 Jahre alt. Er *geht* _____ noch in die Schule.
2. _____ du immer noch die *Süddeutsche Zeitung*?
3. Wo _____ Familie Braun? In Stuttgart?
4. Da ist ja das Münster! _____ du es auch, Papa?
5. Herr Miller _____ sehr gut Deutsch.
6. Ich bestelle ein Mineralwasser. Was _____ du, Anna?

1
1
1
1
1
5

7 Schreiben Sie Sätze.

1. den Münsterplatz / Frau Daume / beobachtet /.
   Frau Daume beobachtet den Münsterplatz.

2. kann / kaufen / Hier / eine Flöte / man /.

   _____

3. ein Stück Kuchen / möchte / trinken / und / Ich / eine Tasse Kaffee / essen /.

   _____

4. nach Köln / fährt / am Samstag / Marlene /.

   _____

1
2
1
4

35

Name:

Diktat

Waren Sie schon mal in Hamburg? Peter war auch noch nie hier, aber jetzt will er die Stadt besichtigen. Möchten Sie mitkommen? Wir können auf einen Turm steigen und auf den Hafen schauen. Vielleicht möchten Sie auch in ein Museum gehen. Zum Schluss trinken wir Kaffee und essen Kuchen.

1 Präpositionen und Artikel (bestimmt). Ergänzen Sie.

Heute fahren wir _ins_____ Stadtzentrum. Zuerst gehen wir

_____ Markt. Dann steigen wir _____   1+1

Kirchturm und schauen _____ Marktstände. Später gehen wir   1

_____ Fußgängerzone. Jetzt gehen wir   1

_____ Café und essen Kuchen.   1

   5

2 Was passt? Bitte markieren Sie.

1. Juan García ist 35 Jahre
   groß.
   (alt.)
   klein.

2. Er kommt aus Spanien und
   erzählt
   liest   eine Reportage für eine Zeitung.   1
   schreibt

3. Er ist also
   Journalist
   Tourist   von Beruf.   1
   Lehrer

4. Jetzt arbeitet er in Hamburg und hat hier eine
   Wohnhaus.
   Wohnung.   1
   Café.

5. Er ist verheiratet und hat zwei Kinder. Seine
   Eltern
   Familie   lebt aber in Sevilla.   1
   Freund

6. Herr García
   macht
   reist   immer Urlaub in Spanien.   1
   ist

   5

Aus: **Passwort Deutsch 1** © Ernst Klett International GmbH, Stuttgart 2001

Test Lektion 5

Aus: **Passwort Deutsch 1** © Ernst Klett International GmbH, Stuttgart 2001

Name:

3 Die Possessivartikel. Bitte ergänzen Sie.

1. Hast du viele Freunde? Ich möchte gern _deine_____ Freunde treffen.
2. Bitte wiederholen Sie _____ Telefonnummer, Herr Berg.
3. Peter kommt nie ohne _____ Frau.
4. Dieses Buch ist für euch und für _____ Sohn.
5. Am Wochenende bereitet Frau Klein _____ Unterricht vor.
6. Hier arbeite ich. Wie findest du _____ Büro?

1
1
1
1
1
5

4 Früher und heute. Ergänzen Sie haben, sein, es gibt.

Heute _haben_____ nicht alle Leute Arbeit, früher _____ es Arbeit für alle. Jetzt _____ viele ohne Arbeit, und natürlich _____ sie auch nicht zufrieden. Aber auch früher _____ viele nicht zufrieden, und viele _____ auch früher kein Auto und kein Haus.

1
1+1
1
1
5

5 Ja, nein oder doch? Was passt?

1. Habt Ihr keinen Hunger? – _Doch_____, wir möchten gern ins Restaurant gehen.
2. Fährst du nach Stockholm? – _____, nach Kopenhagen.
3. Brauchst du heute das Auto? – _____, ich möchte einkaufen fahren.
4. Kennst du Frau Jung nicht? – _____, sie ist meine Nachbarin.
5. Hatten Sie in Wien kein Haus? – _____, nur eine Wohnung.
6. Möchtet ihr keinen Spaziergang machen? – _____, aber nicht jetzt.

0,5
0,5
0,5
0,5
0,5
2,5

6 Ergänzen Sie Pronomen (Akkusativ).

1. Hier ist das Gemüse. Du musst _es_____ klein schneiden.
2. Herr und Frau Alt sind sehr nett. Wir können _____ morgen einladen.
3. Peter schläft noch. Kannst du _____ wecken?
4. Ich bin heute zu Hause. Möchtest du _____ besuchen?
5. Kommt ihr mit ins Theater? Allein, ohne _____, ist es nicht schön.
6. Wir brauchen einen Fisch. Kannst du einen Aal für _____ kaufen?

1
1
1
1
1
5

7 Ergänzen Sie und kombinieren Sie richtig.

Was	Ohne was	Wen	Ohne wen	Wofür	Für wen

① _Was_____ brauche ich für die Aalsuppe?	**A** Ohne seine Assistentin.	1	E
② _____ möchtet ihr einladen?	**B** Für ihren Mann.	2	
③ _____ brauchst du die Bananen?	**C** Ohne Kräuter.	3	
④ _____ arbeitet der Produzent nicht?	**D** Unsere Freunde.	4	
⑤ _____ kocht Frau Egli?	**E** Essig.	5	
⑥ _____ schmeckt die Suppe nicht gut?	**F** Für einen Obstsalat.	6	

1+0,5
1+0,5
1+0,5
1+0,5
1+0,5
7,5

35

Name:

Diktat

Liebe Stefanie,

ich glaube, ich habe dich zwei Jahre nicht mehr gesehen. Damals haben wir zusammen unseren Hochschulabschluss gemacht. Aber dann bist du nach Hamburg gegangen. Jetzt habe ich in Berlin eine Arbeit und auch eine Wohnung gefunden. Im Juli möchte ich eine Feier machen. Hoffentlich kannst du kommen!

Herzliche Grüße,
Claudia

1 Ein Dialog. Bitte ordnen Sie.

☐	Ja, ich habe hier ein Haus.	1
☐	Sind Sie dort auch in die Schule gegangen?	1
☐	Kommen Sie auch aus Berlin?	1
☐	Und warum sind Sie nicht dort geblieben?	1
1	Wohnen Sie hier in Berlin?	
☐	Nein, ich bin in Dresden geboren.	1
☐	Richtig, ich habe dort mein Abitur gemacht.	1
☐	Ich habe in Dresden keine Arbeit gefunden.	1
		7

2 haben oder sein?

1. Heute _bin_ ich mit Manuela in die Stadt gefahren.   1
2. Peter _____ zu Hause geblieben.   1
3. Im Stadtzentrum _____ wir Sascha getroffen.   1
4. Wir _____ zusammen Kaffee getrunken.   1
5. Dann _____ ich ein Heft und Bleistifte gekauft.   1
6. Manuela und Sascha _____ noch ins Kino gegangen.   5

3 Bitte antworten Sie im Perfekt.

1. Arbeitet Herr Braun in Leipzig? – Nein, aber er _hat_ mal dort _gearbeitet_ .
2. Fliegt Herr Miller morgen nach Australien? – Nein, er _____ schon gestern _____ .   0,5+0,5
3. Möchtest du Aalsuppe essen? – Nein, ich _____ am Sonntag Aalsuppe _____ .   0,5+0,5
4. Möchtest du die Fotos sehen? – Ja gern, ich _____ sie noch nicht _____ .   0,5+0,5
5. Haben Sie keine Arbeit? – Doch, aber ich _____ von 1998 bis 1999 arbeitslos _____ .   0,5+0,5
6. Wann feiert denn Max seinen Geburtstag? – Max _____ am Sonntag Geburtstag _____ .   0,5+0,5
7. 5

Aus: **Passwort Deutsch 1** © Ernst Klett International GmbH, Stuttgart 2001

Test Lektion 6

Name:

4 Ergänzen Sie bitte die Verben im Perfekt.

bleiben	lachen	haben	machen	schreiben	werden

1. Max und Ina _____ in Wien Urlaub _____. 0,5+0,5
2. Die Kinder _____ leider krank _____. 0,5+0,5
3. Opa _____ gestern Geburtstag _____. 0,5+0,5
4. Die Tante _____ viel _____. 0,5+0,5
5. Peter _____ eine Postkarte _____. 0,5+0,5
6. Ich _____ fünf Wochen in Köln _____. 0,5+0,5

6

5 Was passt? Bitte markieren Sie.

1. 1994 ist Ali nach Hamburg gewesen. (gekommen.) fliegen.

2. Dort hat er Deutsch getroffen gearbeitet und dann auch studiert. gelernt   1

3. 1999 hat er seinen Abitur Studium gemacht. Hochschulabschluss   1

4. Ali hat in Hamburg viele Freunde gefunden. gekommen. geworden.   1

5. Jetzt lebt er nie nicht mehr in Hamburg; er wohnt in Berlin. mal   1

4

6 Wie viel Uhr ist es?

1. *Viertel nach drei*   15.15 Uhr
2. _____   23.20 Uhr   1
3. zwanzig vor sieben   _____ Uhr   1
4. halb neun   _____ Uhr   1
5. _____   19.45 Uhr   1
6. fünf nach halb sechs   _____ Uhr   1
7. _____   17.25 Uhr   1
8. _____   00.05 Uhr   1
9. zehn vor zehn   _____ Uhr   1

8

35

Lösungsschlüssel

Test Lektion 1

1 2D • 3B • 4C • 5F • 6A

2 aus • aus • nach • nach • in

3 2. sie 3. sie 4. wir 5. Sie 6. ihr

4 5 • 4 • 1 • 3 • 6 • 2: Sind Sie aus Deutschland? – Nein, ich komme aus Italien. – Und was machen Sie in Deutschland? – Ich arbeite hier. – So? Sie arbeiten hier? – Ja, ich bin Journalistin.

5 2. siebenundneunzig 3. fünfundsechzig 4. vierundzwanzig 5. sechsundsiebzig 6. einundvierzig

6 2. fahren 3. frage 4. wohnen 5. ist 6. Kommst 7. macht 8. Versteht 9. liegt 10. sprechen 11. spielen

Was macht Herr Hansen? Er reist viel.

Bewertungsskala:

30–28	27–25	24–21	20–18	17–0
sehr gut	gut	befriedigend	ausreichend	nicht ausreichend

Test Lektion 2

1 2D • 3E • 4A • 5B • 6C

2 2. Kirchen 3. Züge 4. Supermärkte 5. Busse 6. Restaurants

3 1. ein, Der, Er 2. eine, Die, Sie 3. das, Es 4. Das, Es 5. ein, der 6. Die, eine

4 2. leer 3. Stadt 4. Region 5. falsch 6. heiß

5 1. kein 2. nicht 3. nicht 4. keine 5. nicht 6. kein

6 2. 29 304 3. 1 523 4. 92 635 5. 920 708 6. 4 267

Bewertungsskala:

30–28	27–25	24–21	20–18	17–0
sehr gut	gut	befriedigend	ausreichend	nicht ausreichend

Test Lektion 3

1 2. ihre 3. Sein 4. dein 5. Ihr 6. euer

2 2. aus 3. ein 4. statt 5. vor 6. an

3 2. wiederholen 3. kommen mit 4. verstehe 5. Fangen … an 6. ergänzen

4 2. Freitag, spielen 3. Sonntag, gehen 4. Dienstag, hören 5. Donnerstag, macht 6. Montag, lernt

5 ist • Dorf • jetzt • aber • hat

6 2. Wann 3. Was 4. Wer 5. Wo 6. Wie

7 2F • 3E • 4A • 5C • 6D

Bewertungsskala:

35–33	32–29	28–25	24–21	20–0
sehr gut	gut	befriedigend	ausreichend	nicht ausreichend

Test Lektion 4

1 2. Foto 3. alle 4. Bananen 5. Stadtplan 6. mitten

2 *Mögliche Lösungen:* Eier, Eis, Wein, Salat, Tee, Kuchen, Honig, Käse, Wasser, Obst, Marmelade, Wurst, Sandwich, Bier

3 1. den 2. keinen 3. eine 4. einen 5. kein, einen

4 2D • 3E • 4B • 5A • 6C

5 2. kann 3. kann, muss 4. müssen, könnt

6 2. Liest 3. lebt 4. Siehst 5. spricht 6. nimmst

7 2. Hier kann man eine Flöte kaufen. 3. Ich möchte ein Stück Kuchen essen und eine Tasse Kaffee trinken. / Ich möchte eine Tasse Kaffee trinken und ein Stück Kuchen essen. 4. Marlene fährt am Samstag nach Köln.

Bewertungsskala:

35–33	32–29	28–25	24–21	20–0
sehr gut	gut	befriedigend	ausreichend	nicht ausreichend

Test Lektion 5

1 auf den • auf den • auf die • in die • ins

2 2. schreibt 3. Journalist 4. Wohnung 5. Familie 6. macht

3 2. Ihre 3. seine 4. euren 5. ihren 6. mein

4 gab • sind • sind • waren • hatten

5 2. Nein 3. Ja 4. Doch 5. Nein 6. Doch

6 2. sie 3. ihn 4. mich 5. euch 6. uns

7 2. Wen 3. Wofür 4. Ohne wen 5. Für wen 6. Ohne was
2D • 3F • 4A • 5B • 6C

Bewertungsskala:

35–33	32–29	28–25	24–21	20–0
sehr gut	gut	befriedigend	ausreichend	nicht ausreichend

Test Lektion 6

1 2 • 5 • 3 • 7 • 1 • 4 • 6 • 8: Wohnen Sie hier in Berlin? – Ja, ich habe hier ein Haus. – Kommen Sie auch aus Berlin? – Nein, ich bin in Dresden geboren. – Sind Sie dort auch in die Schule gegangen? – Richtig, ich habe dort mein Abitur gemacht. – Und warum sind Sie nicht dort geblieben? – Ich habe in Dresden keine Arbeit gefunden.

2 2. ist 3. haben 4. haben 5. habe 6. sind

3 2. ist … geflogen 3. habe … gegessen 4. habe … gesehen 5. bin … gewesen 6. hat … gefeiert

4 1. haben … gemacht 2. sind … geworden 3. hat … gehabt 4. hat … gelacht 5. hat … geschrieben 6. bin … geblieben

5 2. gelernt 3. Hochschulabschluss 4. gefunden 5. nicht mehr

6 2. zwanzig nach elf 3. 6.40/18.40 4. 8.30/20.30 5. Viertel vor acht 6. 5.35/17.35 7. fünf vor halb sechs 8. fünf nach zwölf 9. 9.50/21.50

Bewertungsskala:

35–33	32–29	28–25	24–21	20–0
sehr gut	gut	befriedigend	ausreichend	nicht ausreichend

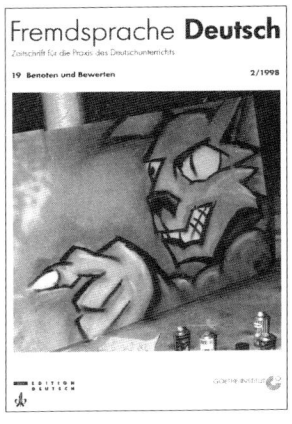
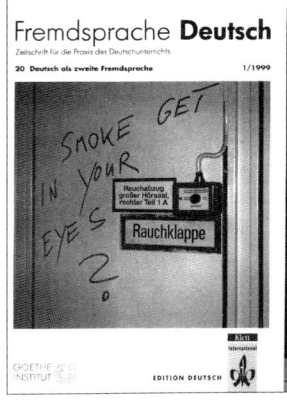